Durch das Tor
der Zuflucht gehen

16. Karmapa
Rangjung Rigpe Dorje

Durch das Tor der Zuflucht gehen

Das Tor der Zuflucht, der hervorragende Weg zum Guten und zur Glückseligkeit

Aus dem Tibetischen von Christian Masse

Aus dem Französischen von Astrid Schünemann

NORBU VERLAG

Bibliographische Information der Deutschen Bibliothek
Die Deutsche Bibliothek verzeichnet diese Publikation in der Deutschen Nationalbibliografie; detaillierte bibliografische Daten sind im Internet über http://dnb.ddb.de abrufbar

ISBN: 978-3-944885-37-7

www.norbu-verlag.de

Lektorat: Kerstin Barthel und Heiko Michel

Umschlaggestaltung und Satz: Gerd Pickshaus
Coverfoto: © Alexander Draszczyk

Druck: Steinmeier GmbH & Co.KG, Deiningen

Gedruckt auf alterungsbeständigem, säurefreiem Papier aus chlorfrei gebleichtem Zellstoff

INHALT

Vorwort 7
Vorwort zur deutschen Übersetzung 8

Durch das Tor der Zuflucht gehen 9

Ehrerbietung 11
Der Buddha 11
Die zwölf Taten [Buddhas] 12
Der Dharma 13
Das erste Drehen – die Vier Wahrheiten 13
Das zweite Drehen – die Abwesenheit von Merkmalen 14
Das letzte Drehen – die Einheit von Leerheit und Klarheit 15
Der Grund und die Notwendigkeit, Zuflucht zu nehmen 16
Die wahrhafte Zuflucht – Die Drei Juwelen 16
Die Wirksamkeit der Zufluchtnahme 18
Der gesamte Dharma ist in der Zuflucht enthalten 20
Die kostbare menschliche Existenz 21
Vergänglichkeit und Tod 21
Karma – Heilsames und Nicht-Heilsames 22
Samsara – der Daseinskreislauf 24
Vier Anzeichen dafür, dass die Zuflucht authentisch ist 26
Der Erleuchtungsgeist 27
Der relative Erleuchtungsgeist 27
Der letztendliche Erleuchtungsgeist 29
Schlusswort 30
Nachwort 30

Anhang 33

Die Zufluchtsgelübde 33
1 – Die Bedeutung der Zuflucht 33
2 – Das Objekt der Zufluchtnahme 33
3 – Die Notwendigkeit, Zuflucht zu nehmen 34
4 – Die Art und Weise, Zuflucht zu nehmen 35
5 – Der Nutzen der Zufluchtsgelübde 35
6 – Die Regeln der Zufluchtsgelübde 36
Tibetischer Text 39
Glossar 49

Vorwort

Dieser Text wurde vom 16. Karmapa Rangjung Rigpe Dorje 1959 in seinem Kloster Rumtek in Sikkim geschrieben.

Mein spiritueller Lehrer, der Ehrwürdige Lama Tönsang, ein enger Schüler des 16. Gyalwa Karmapa, gab ihn mir vor dreißig Jahren. Er sagte mir jedoch angesichts der Tiefe dieses Textes, dass ich zunächst mit gelehrten Khenpos unserer Linie studieren müsse, um ihn mit Hilfe ihrer Erklärungen richtig übersetzen zu können.

Die Jahre vergingen.

Im Laufe der Zeit konnte ich einige Khenpos um die notwendigen Erklärungen bitten.

Auch wenn mein Verständnis und damit meine Übersetzung immer noch weit davon entfernt sind, diesen Text Karmapas in seiner ganzen Tiefe zu erfassen, meine ich, dass es nun möglich geworden ist, eine angemessene Übersetzung zu erstellen.

Dieser kurze Text liefert uns eine hervorragende Belehrung über die Zuflucht in ihrer Essenz, über ihre enge und untrennbare Verbindung mit dem Erleuchtungsgeist und damit über die Bedeutung des Einsseins der beiden Wahrheiten, sowie über die Praxis, die geschickte Mittel und Weisheit vereint.

In diesem Punkt schließt er direkt an die Belehrungen über die Untrennbarkeit von Bodhicitta und Zuflucht an, die uns vom derzeitigen 17. Gyalwang Karmapa, Trinlay Thaye Dorje, stets gegeben werden.

Wie Karmapa erklärt, umfassen die Bedeutung und die Praxis der Zufluchtnahme den gesamten Pfad zur Erleuchtung, von seinem Beginn über seinen Verlauf bis hin zu seinem letztendlichen Ende, dem Zustand eines vollkommen verwirklichten Buddha.

Diese Schrift eines vollständig erleuchteten Meisters, denn das war der 16. Karmapa, wird daher hoffentlich für alle, die sie lesen, eine große Inspiration sein.

Der tibetische Text ist als Referenz und bei Bedarf als Studienhilfe am Ende eingefügt.

Die gebräuchlichsten Sanskrit-Begriffe sind dem Deutschen angepasst: Buddha, Bodhisattva, Dharma, Klesha, Samsara, während andere kursiv mit ihren diakritischen Zeichen transkribiert wurden: Dharmadhātu, Pāramitā, etc.

Ich habe mir die Freiheit genommen, Kapitelüberschriften hinzuzufügen, um die Gliederung hervorzuheben. Diese Überschriften sind im tibetischen Originaltext nicht enthalten.

Außerdem habe ich [in eckigen Klammern] Wörter hinzugefügt, die entweder im tibetischen Text implizit enthalten oder für die Syntax und Lesbarkeit des Textes notwendig sind.

Alles andere steht im tibetischen Text.

Alle Fußnoten stammen von mir.

Christian Masse
Karmapa Khyenno

Vorwort zur deutschen Übersetzung

Die deutsche Übersetzung beruht auf der französischen Übersetzung von Christian Masse, der die hervorragende Arbeit vollbracht hat, diesen Text aus dem Tibetischen zu übertragen. Einige Worte oder Redewendungen wurden dem deutschen Sprachgebrauch angepasst. Einige der im französischen Text hinzugefügten Begriffe in Klammern wurden als Fußnoten gesetzt, um den Text flüssig lesbar zu halten. Manche tibetischen Grundbegriffe wurden mit der in anderen deutschen Referenzwerken üblichen Übersetzung wiedergegeben, die von der englischen oder französischen leicht abweichen kann, den Sinn aber genauso wiedergibt.

16. Karmapa
Rangjung Rigpe Dorje

Durch das Tor der Zuflucht gehen

Das Tor der Zuflucht,
der hervorragende Weg
zum Guten und zur Glückseligkeit

Ehrerbietung

Ich verbeuge mich voller Respekt vor den erhabenen Lamas, die die Essenz von Buddha, Dharma und der Versammlung der Bodhisattvas sind.

Der Buddha

Er, der unser Lehrer ist, [Buddha Shakyamuni] brachte zunächst den edlen Erleuchtungsgeist hervor. Nach drei unermesslichen Zeitaltern[1] der Ansammlung [von Verdienst und Weisheit] [nahm er in der Gestalt] eines jungen Brahmanen[2] zu Zeiten von Buddha Kashyapa, seinem Lama, [Geburt an].

Dann ging er als junger Bodhisattva-Gott namens Tampa Tok Karpo[3] in den Götterbereich ein.

Zu der Zeit, wo die menschliche Lebensspanne hundert Jahre betrug, erkannte er, da er über die fünf Arten von Hellsichtigkeit[4] verfügte, [dass alle Bedingungen in Bezug auf] vollkommenes Gewahrsein, vollkommenes Erlangen und vollkommene Handlung erfüllt waren. Durch diese Vision [wusste er, dass die Zeit gekommen war],

1 Zahlloses Zeitalter oder Kalpa, nicht berechenbar, Tib. *grangs med*. Der Begriff zahllos entspricht der Zahl 10^{50} im indischen Algebra-System. Damit soll zum Ausdruck gebracht werden, dass diese Zahl so enorm ist, dass sie das Vorstellungsvermögen übersteigt. Die Dauer eines zahllosen Zeitalters ist unvorstellbar.

2 Unter dem Namen Vishvantara, Prinz der Sibis.

3 Der Bodhisattva Śvetaketu, »Weiße Fahne«, der im Himmelsreich Tushita 576 Millionen Jahre lang lebte und den Göttern den Dharma lehrte.

4 Dieses fünfmalige Hellsehen bestimmte seine Wiedergeburt als Mensch. Er sah: 1) Die Provinz Serkya war der günstige Geburtsort. 2) Die Kaste der Kriegerprinzen (Skt. *Ksatriya*) war die günstige Kaste. 3) Die Familie der Śhākya, eine Familie von Zuckerrohrbauern, war die günstige Familie. 4) Eine Frau namens Mayadevi war die günstige Mutter. 5) Das Zeitalter der fünf Rückstände war das günstige Zeitalter. (Die fünf Rückstände dieses niedergehenden Zeitalters sind: Niedergang der Sichtweise, Niedergang der Kleshas, Niedergang der Wesen, Niedergang der Lebensspanne und Niedergang des Zeitalters).

[die Wesen] anzuleiten. So entschied er sich, [als Mensch] wiedergeboren zu werden.

Die zwölf Taten [Buddhas]

Diese sind: Hinübergehen, Eintreten in den Mutterleib, Geburt in der Welt, [Beherrschen der] Künste, Freude [am Leben eines Prinzen], Entsagung, Askese, Zugehen [auf die Erleuchtung], Sieg über die dämonischen Kräfte Maras, Erleuchtung, Drehen des Dharmarades und Überwindung von Leid.[5] Nachdem er [aus dem reinen Land Tushita] hinübergegangen war, um in einen Mutterleib einzugehen, manifestierte er den Aspekt einer Geburt.

Sobald er auf die Welt gekommen war, ließen die Götter Musik erklingen und bereiteten ihm ein Bad[6]. Augenblicklich erhob er sich, machte sieben Schritte auf der großen Erde, hob seine Hände zum Himmel und erklärte: »In dieser Welt werde ich ein erhabenes Wesen sein!«

Nachdem das Kind bei seiner Geburt so gesprochen hatte, befragte man einen wahrsagenden Brahmanen. Dieser antwortete: »Er wird entweder ein allmächtiger Chakravartin-Monarch[7] werden oder ein [vollkommen verwirklichter] Buddha.« Dann meisterte er jegliche [weltlichen] Künste und erlebte sämtliche Freuden eines Prinzenlebens.

5 Dies sind die zwölf großen Taten im Leben Buddha Shakyamunis. Weitere Einzelheiten im Glossar unter: Taten, zwölf.

6 Es heißt, dass die Götter Brahma und Indra ihn nach seiner Geburt in ihre Arme schlossen und ihn in göttlich duftendem Wasser badeten, während ringsum himmlische Musik erklang und die Erde sechsmal bebte.

7 Chakravartin-Monarch: Das Sanskritwort Chakravartin bedeutet wörtlich übersetzt: der durch das Rad regiert. Ein solcher Monarch ist mit einem goldenen Rad mit tausend Speichen ausgestattet, ein königliches Zepter, das die Allmacht seiner Herrschaft symbolisiert.

Als er so lebte und sich an all den Vergnügungen in Gesellschaft seiner königlichen Gattin und seines Hofes erfreute, trat er eines Tages durch die Tore des Palastes und erblickte zum ersten Mal die vier großen Ströme von Leid: Geburt, Alter, Krankheit und Tod. Er entwickelte daraufhin vollständigen Überdruss.

Er verließ sein Heim und das gewöhnliche Leben eines Haushälters und widmete sich von nun an dem asketischen Leben eines Bettelmönches.

[An dem Tag, an dem er die vollständige Erleuchtung erlangen sollte], begab er sich zur Mittagszeit in Meditation.

Am Abend schlug er [die Armeen] Maras und besiegte sie.

Nachdem er alle Arten von Hellsichtigkeit[8] vollständig erlangt hatte, verwirklichte er in der Morgendämmerung den Zustand eines vollkommenen Buddha.

Der Dharma

Das [dreimalige] Drehen des Dharma-Rades der Lehre:

Das erste Drehen – die Vier Wahrheiten

Am Rande der Stadt Varanasi, im »Park des Falls der Gazelle«[9], lehrte er die Vier Wahrheiten.

8 In jedem der vier Viertel dieser Nacht durchlief er die vier Ebenen meditativer Versenkung und vervollständigte so die daraus folgenden höheren Erkenntnisse, um schließlich im vajragleichen Samadhi zu verweilen. Nachdem der letzte und subtilste Rest der Wissensschleier beseitigt war, erlangte er das volle Erwachen eines vollkommen verwirklichten Buddha.

9 Die Legende besagt, dass Shakyamuni in einem früheren Leben dort als Anführer einer Gazellenherde gelebt hatte. Der damalige König war von diesem Gazellenanführer, der sein Leben geopfert hatte, um ein anderes zu retten (daher der Name »gefallene Gazelle«), so berührt, dass er verkündete, dass alle Tiere, die in diesem Park lebten, von nun an vor Jägern geschützt werden sollten.

Die Wahrheit vom Ursprung von allem [Leid], das von der Saat der Unwissenheit verursacht ist.

Die Wahrheit vom Leid, das [aus der Unwissenheit] durch Kleshas[10] entsteht, einer Krankheit gleich.

Die Wahrheit des Weges, der diesen [Kleshas] entgegenwirkt, gleich einer Medizin.

Die Wahrheit des Aufhörens [von Leid] durch die Kraft des Weges, die Befreiung von der Krankheit, die aus dem Ursprung und den Kleshas besteht.

Das zweite Drehen – die Abwesenheit von Merkmalen

[Buddha] gab hier aus der Perspektive des großen Fahrzeugs die Sutra-Belehrungen der Bodhisattvas.

Unter welchen Umständen hat er diese verkündet? Dieses Ereignis fand auf dem Berg der Versammlung der Geier statt.

Als Teil des höheren Geistestrainings lehrte er dort die höhere Übung in höchster Erkenntnis sowie die noch höhere [Übung in] Samadhi[11].

Er lehrte vom Standpunkt der letztendlichen Wirklichkeit des selbsterkennenden unterscheidenden Gewahrseins.

Er lehrte tiefgründig und unermesslich durch die unvorstellbaren Dharma-Tore[12].

10 Siehe Glossar unter: Klesha.

11 Die drei klassischen Übungen (Tib. *bslab pa gsum)* des Pfades der Hörer sind die drei Übungen ethisches Verhalten, höchste Erkenntnis und Samadhi. Sie werden im Rahmen des Großen Fahrzeugs wieder aufgegriffen, wo sie als höherwertig bezeichnet werden, da sie mit dem Erleuchtungsgeist verbunden sind. Sie umfassen die Praxis der sechs Pāramitās in ihrer Gesamtheit. Die Übung in Samadhi wird als noch höherstehend bezeichnet, da durch sie auf der Grundlage der beiden anderen Übungen die Erleuchtung möglich wird.

12 Dharma-Tor, Tib. *chos sgo*: Dieser Begriff bezieht sich auf jede einzelne der verschiedenen Belehrungen, die Buddha gegeben hat, und die wie Eingangstore auf dem Weg zur Erleuchtung sind. Es wird gesagt, dass Buddha Shakyamuni vierundachtzigtausend Dharma-Tore gelehrt hat.

Er erklärte, wie man die Funktionsweise der irrtümlichen Wahrnehmung aufgeben kann, welche dazu führt, dass man [alle Dinge] als real und wirklich existent erfasst. Ausgehend davon zeigte er auf, wie man die Merkmale der dualistischen Wahrnehmung, nämlich [das Aufteilen des Erlebens in] »erfasstes Objekt/erfassendes Subjekt«, vollständig befrieden kann. Auf diese Weise legte er dar, wie man die ursprüngliche Weisheit des Dharma[dhātu] erlangt.

Dies war das mittlere Drehen [des Dharmarades] bezüglich der Abwesenheit von Merkmalen.

Das letzte Drehen – die Einheit von Leerheit und Klarheit

Das dritte Drehen des Dharma-Rades

Zusätzlich lehrte der Meister[13] aus seinem unendlichen Mitgefühl den außergewöhnlichen Wesen auch den anderen Aspekt der ursprünglichen Weisheit, [die Dimension der Realität der Phänomene], den Dharmadhātu der Leerheit. Dies war in den Lehren [beim zweiten Drehen] zur dualistischen Wahrnehmung »erfasstes Objekt/erfassendes Subjekt« noch nicht bezeugt worden. Buddha bestätigte hier die Qualitäten [der erkennenden Klarheit] in ihrer vollständigen Unterscheidung auf der Ebene der letztendlichen Wirklichkeit. Auf diese Weise verkündete er den Dharma der ausgezeichneten und vollkommenen Unterscheidung.

Dies war der Zyklus des dreifachen Drehens des Dharma-Rades, wodurch er eine unvorstellbare, unendliche Anzahl fühlender Wesen in den Zustand des Guten und der Glückseligkeit [der Befreiung] führte, und zwar durch die grenzenlose ursprüngliche Weisheit des Mitgefühls seines vollkommen erwachten Gewahrseins.

13 Tib. *ston pa*. So wird Buddha Shakyamuni gemeinhin bezeichnet: der Meister oder Lehrer, der uns den authentischen Dharma gelehrt hat.

Der Grund und die Notwendigkeit, Zuflucht zu nehmen

Wir Wesen, die wir in den sechs Bereichen geboren werden und darin umherwandern, sind von den mit den Bedingungen [unserer Existenz] verbundenen Kleshas geplagt und erfahren fortwährendes Leid. [Wir sind] wie Wesen ohne Augen, die sich verlaufen haben und am Rande eines Abgrunds umherirren. Es ist unerlässlich, dass wir nach einer Zuflucht suchen, die uns aus dieser Situation herausführt.

Welche Zuflucht kann uns Schutz gewähren? Genau genommen gibt es keine andere Zuflucht als die Drei Juwelen[14].

Deshalb ist es notwendig, dass wir Zuflucht zu den Drei Juwelen nehmen.

Die wahrhafte Zuflucht – Die Drei Juwelen

Wenn wir die Qualitäten der Drei Juwelen nicht genau kennen, ist es nicht möglich, wahrhaft Zuflucht zu nehmen. Aus diesem Grund [die Erklärung, was die Drei Juwelen sind]:

- Der Buddha[15]: Der Erwachte ist rein und entfaltet, da er alles zur Vollendung gebracht hat, was aufzugeben[16] oder zu erreichen[17] ist.
- Der Dharma[18] entspringt der ursprünglichen Weisheit des *Dharmadhātu*, der Weisheit der Erleuchtung eines solchen Buddha,

14 Die Drei Juwelen, Tib. *dkon mchog gsum, skt. triratna.* Der tibetische Begriff *dkon mchog* bedeutet »selten und höchst« und übersetzt das Sanskritwort *ratna,* das Juwel bedeutet. Daher diese dem Sanskrit getreue Übersetzung, die im Deutschen am häufigsten verwendet wird: die Drei Juwelen.

15 Buddha: Tib. *sangs rgyas, skt. buddha*: im Tibetischen bedeutet Buddha wörtlich rein *sangs* und entfaltet *rgyas,* oder auch rein und vollkommen.

16 Tib. *spangs*

17 Tib. *rtogs*

18 Tib. *chos*

die untrennbar von seiner melodiösen Sprache zum Ausdruck kommt.

Der Dharma kann wie folgt definiert werden: Frei von jeglicher Anhaftung und von den Merkmalen der dualistischen Wahrnehmung »erfasstes Objekt/erfassendes Subjekt«, vermittelt er die erleuchtete Aktivität. Diese lehrt die Wahrheit des Aufhörens[19] durch den Weg, der die Kleshas überwindet.

– Die Sangha ist die Gemeinschaft derer, die die Bedeutung dieser Wahrheit richtig verstanden und entsprechend kultiviert haben und sich vollständig der Aktivität des Heilsamen verschreiben – am Anfang, im weiteren Verlauf und bis zum Ende. Sie sind die Sangha der Āryas.

[Dies ist die Definition der] Drei Juwelen.

Wenn wir auf diese Weise die Qualitäten der Drei Juwelen verstanden haben und mit unerschütterlichem Vertrauen Zuflucht zu ihnen nehmen, wird dieses authentische Objekt von unserem Vertrauen genährt. Dies wird »vom Mitgefühl der Drei Juwelen erfasst werden«[20] genannt.

Sobald wir vom Mitgefühl der Drei Juwelen erfasst sind, kann sich dieser Halt nicht mehr lösen. So ist die erleuchtete Aktivität beschaffen, die uns ergreift und die durch die Kraft von Liebe und Mitgefühl wirkt. Der Geist kann nicht mehr davon ablassen, denn [die Drei Juwelen] sind völlig frei von der dualistischen Wahrnehmung »erfasstes Objekt/erfassendes Subjekt«.

Dies wird durch das Beispiel vom Rachen eines Krokodils veranschaulicht, [der seine Beute niemals loslässt].

Wir sollten mit diesem nährenden Vertrauen aus der Tiefe unseres Herzens Zuflucht nehmen, indem wir den eigenen Geistesstrom mit den Gelübden der Zuflucht festhalten.

19 Siehe weiter oben im Text unter: Wahrheiten, vier.

20 Um dies zu beschreiben, wird das Bild vom Haken und vom Ring verwendet: Der Haken des Mitgefühls der Buddhas ist stets vorhanden, aber der Ring des Vertrauens eines Wesens muss erscheinen, damit der Haken ihn ergreifen kann.

Wir wenden uns vom verhängnisvollen Pfad ab, der uns an den Rand des Abgrunds der Kleshas führt, welche uns in eine Wiedergeburt in den sechs bedingten Existenzformen, den drei niederen und den drei höheren Daseinsbereichen [von Samsara], drängen. Stattdessen schlagen wir den entgegengesetzten Weg ein: den hervorragenden Pfad, der zur Befreiung führt.

Auf diese Weise wird jemand, der die Zufluchtsgelübde im eigenen Geistesstrom perfekt einhält, sicher und unfehlbar unter dem Schutz [der Drei Juwelen] stehen und von jeglichem Leid befreit sein.

Die Wirksamkeit der Zufluchtnahme

Wir mögen uns fragen, [wie wir auf diese Weise unfehlbar geschützt sind]:

Wer von den Zufluchtsgelübden vollkommen durchdrungen ist, wird, wenn widrige Umstände im Geistesstrom erscheinen, diese nicht mehr als etwas Eigenständiges [als Leid an sich], sondern als nutzbringende Verbündete betrachten.

Wer von einer Krankheit, einem gewalttätigen Dämon oder irgendeinem anderen Unglück gepeinigt wird, versteht, dass hier das Karma negativer Handlungen zur Reife kommt, die zuvor durch die verursachende Kraft der Unwissenheit angesammelt wurden. So wird er das Leid, das er erfährt, nicht als Verhängnis an sich betrachten. So betrachtet wird jedes Unglück zum Verbündeten, was die Überzeugung von der Unfehlbarkeit des karmischen Prinzips von Ursache und Wirkung stärkt.

Auch wenn man mit unangenehmen Worten konfrontiert wird, kann man diese als Verbündete betrachten, die den Überdruss an den eigenen Fehlern nähren.

Wenn man hingegen lobende Worte hört, wird dies den Glauben und das Vertrauen in die Drei Juwelen weiter stärken.

Infolgedessen wird jedes eintretende gute oder schlechte Ereignis als subjektive Projektion des eigenen Geistes gesehen. Es ist nichts anderes als die Manifestation illusorischer geistiger Phänomene aufgrund des Karmas falschen Verständnisses. So wird die Überzeugung von der ungeborenen Natur [jedes Ereignisses] gestärkt.

Auch wenn ein schädliches Gefühl der Anhaftung oder Abneigung auftaucht, wird man nicht mehr zulassen, dass man davon beeinflusst wird, indem man jeden Gedanken, der auftaucht, ausgleicht und kontrolliert. So begibt man sich auf den authentischen Pfad der Geduld, bevor man unausweichlich den Beginn des Pfades »Punkt ohne Umkehr« erreicht.[21]

Aus diesem Grund wird die Zuflucht [zu den Drei Juwelen] als der Unterschied zwischen buddhistischen und nicht-buddhistischen spirituellen Traditionen angesehen.

In diesem Sinne heißt es auch:

Selbst wenn man alle [anderen] Gelübde hätte, besäße man keines davon, wenn man nicht Zuflucht nimmt.[22]

21 Tib. *phyir mi ldog pa'i sa.* Der Punkt ohne Umkehr ist der Beginn des Pfades des Sehens, das Erreichen des ersten *Bhūmi*, der ersten Stufe der Verwirklichung eines Bodhisattvas. Es ist insofern ein Punkt ohne Umkehr, als es nie wieder eine Rückkehr in die bedingte Existenz unter dem Einfluss der Kleshas geben wird. Die Befreiung von Samsara ist endgültig erreicht. Dies ist der Zustand der Āryas, der höheren Wesen, die sich nur noch auf das vollkommene Erwachen zubewegen.

22 Es heißt auch, dass die Zufluchtsgelübde die unerlässliche Grundlage für alle anderen Gelübde sind: die verschiedenen Gelübde der individuellen Befreiung, die Bodhisattva-Gelübde und die tantrischen Gelübde des geheimen Mantra (die Samayas). Alle diese Gelübde sind nichtig und sinnlos, wenn sie nicht auf der Grundlage der Zuflucht zu den Drei Juwelen genommen werden.

Der gesamte Dharma ist in der Zuflucht enthalten

Auf einer allgemeinen Ebene ist die Gesamtheit der vierundachtzigtausend Dharmabelehrungen, die die Lehre Buddhas ausmachen, in der vollständigen Ausübung der Zufluchtspraxis enthalten:

- Zum einen ist der Buddha-Dharma in der Voraussetzung und der Vorbereitung für die Zuflucht enthalten: dem Hervorbringen des Erleuchtungsgeistes.
- Zum anderen ist er in der eigentlichen Praxis [der Zuflucht] enthalten.
- Und schließlich ist er im abschließenden Teil der Zuflucht enthalten, ihrer Vollendung: der Frucht der erleuchteten Aktivität eines Buddha.

Das ist der Zweck [der vierundachtzigtausend Belehrungen Buddhas]: die Zuflucht in umfassender Weise darzulegen.

Da die Gesamtheit der Lehren Buddhas – die innere buddhistische Tradition[23] – in der Zuflucht vereint ist, müssen wir darauf achten, sie niemals als weniger wichtig als die anderen Praktiken anzusehen und sie deshalb zu vernachlässigen. Im Gegenteil, man sollte sich bemühen, sie zum Kern der eigenen Herzenspraxis zu machen[24].

23 Tib. *nang pa*: das, was innen ist. Der Begriff *nang pa* bezieht sich auf die Unterscheidung zwischen den Belehrungen, die spezifisch für die Lehre Buddhas und ihnen innewohnend sind, und den anderen, »äußeren« Lehren. Er betont auch die Tatsache, dass der von Buddha gezeigte Pfad zur Erleuchtung in erster Linie ein innerer Pfad ist, der Pfad des Geistes, und nicht ein äußerer Pfad, der sich auf den Körper oder etwas anderes stützt. *Nangpa bedeutet in der Umgangssprache* auch Buddhist.

24 Tib. *thugs dam gyi mthil.* Die Herzenspraxis (Tib. *yid dam* oder *thugs dam*) ist die spirituelle Praxis, die uns unter allen anderen Praktiken am meisten am Herzen liegt, diejenige, der wir uns im Alltag so viel und so gut wie möglich widmen.

Die kostbare menschliche Existenz

Die beste Stütze einer günstigen Existenz, die es einem ermöglicht, den tiefgründigen authentischen Dharma zu praktizieren, ist der kostbare menschliche Körper. Es handelt sich um ein Dasein, das die Freiheiten und die Errungenschaften aufweist[25] und das äußerst schwierig zu erlangen ist, wie durch Ursache, Beispiel und Zahl aufgezeigt werden kann[26].

Wir sollten verstehen, dass wir jetzt eine außergewöhnliche Gelegenheit haben, die jeder anderen [Daseinsform] weit überlegen ist.

Wir sollten sie nicht sinnlos vergeuden. Lasst uns daran denken, dass wir unbedingt ihre volle Bedeutung verwirklichen müssen, indem wir uns der authentischen Praxis des heiligen Dharma verpflichten.

Wir sollten die Umsetzung dieser Entscheidung nicht auf später verschieben. Es ist notwendig, dass wir genau jetzt damit beginnen.

Vergänglichkeit und Tod

Warum [ist dies so dringlich]?

Die Gesamtheit der äußeren und inneren Phänomene, die Gesamtheit des Gefäßes und seines Inhalts[27], existieren ausschließlich als zusammengesetzte und bedingte Phänomene und besitzen daher nicht einmal den geringsten Moment einer Dauerhaftigkeit.

25 Tib. *dal 'byor gyi mi lus rin po che.* Die kostbare menschliche Existenz, die mit den acht Freiheiten und den zehn Errungenschaften ausgestattet ist. Es handelt sich um ein Dasein als Mensch, das alle günstigen Bedingungen für die Hingabe an die spirituelle Praxis vollständig vereint.

Siehe die ausführliche Erklärung in *Die Worte meines vollendeten Lehrers* von Patrul Rinpoche, in *Das Licht des wahren Sinnes* von Jamgön Kongtrul Lodrö Thaye oder in *Der kostbarer Schmuck der Befreiung* von Gampopa.

26 Tib. *rgyu dpe grangs gsum.* Eine ausführliche Erklärung, was Ursache, Beispiel und Zahl sind, findet sich im Kapitel über die kostbare menschliche Existenz in den drei in Fußnote 25 genannten Werken.

27 Die Welt und die Wesen. Siehe im Glossar unter: äußeres Gefäß, innerer Inhalt.

Das Leben der Wesen ist besonders vergänglich. Seine Dauer ist sogar noch flüchtiger als die einer Wasserblase. Der Tod wird uns ganz plötzlich treffen, das ist gewiss. In diesem Moment wird uns nichts und niemand helfen können, weder unsere Lieben und unser Umfeld, noch unser Reichtum, unsere Besitztümer oder alles, was damit zusammenhängt.

In dieser Zeit, in der wir im Bardo umherirren, werden wir völlig allein sein, und absolut nichts außer dem authentischen Dharma kann uns von Nutzen sein.

Deshalb ist es unerlässlich, dass wir sofort damit beginnen, ihn mit größtem Eifer zu praktizieren.

Karma – Heilsames und Nicht-Heilsames

Es ist ganz unmöglich, dass sich jemand wünscht, beim Sterben unter dem Einfluss von Karma zu sein, und doch ist dies unvermeidlich. Der Tod tritt nur durch das unfehlbare karmische Prinzip der gegenseitigen Abhängigkeit von Ursache und Wirkung ein, und nicht durch die Handlung eines äußeren Wesens.

Der Tod ist für alle das direkte und sichtbare Ergebnis des eigenen Karmas, das zur Reife kommt, sei es gut, mittelmäßig oder schlecht.

Erklären wir nun den Prozess, der heilsame und nicht-heilsame geistige Phänomene zu einem tatsächlichen karmischen Resultat heranreifen lässt.

Richtiges Erkennen führt zu heilsamem Denken als Ursache.

Was ist mit vollkommener und richtiger Erkenntnis gemeint?

Es handelt sich um eine Erkenntnis, die das Gegenteil von Unwissenheit ist[28] – der irrtümlichen Identifikation mit einem Selbst,

28 Siehe im Glossar unter: Unwissenheit.

obwohl es ein solches nicht gibt[29]. Diese Erkenntnis kehrt den Prozess von Ursache und Wirkung, der auf dieses Missverständnis zurückzuführen ist, um.

Vollkommene und richtige Erkenntnis bedeutet somit das korrekte Verständnis der Vielschichtigkeit des karmischen Prozesses.

Heilsames Denken kann als ein Denken bezeichnet werden, das aus einer völlig richtigen Sicht des karmischen Prozesses entspringt.

Wenn ein solches Denken aufkommt, wird es eine geistige Handlung, und dann erfolgt eine Handlung des Körpers oder der Rede.

Der karmische Prozess des Heilsamen wird also durch eine geistige Handlung ausgelöst, die auf vollkommen richtigem Erkennen gründet und daraufhin heilsame Handlungen des Körpers und der Rede hervorbringt.

Die Frucht, die aus dieser immer wieder gesetzten Ursache resultiert, ist das Erreichen einer höheren [samsarischen] Existenz und [schließlich] die Verwirklichung des letztendlichen vortrefflichen Zustands [der Befreiung von Samsara].

Der gesamte Prozess der karmischen Verursachung, der von geistigen Vorgängen wie den heilsamen Gedanken ausgeht, ist am Anfang, im weiteren Verlauf und am Ende gänzlich heilsam, und deshalb handelt es sich um heilsame Gedanken.

Wenn man mit diesem [heilsamen Geist] auf dem Pfad der drei Dharma-Fahrzeuge praktiziert, so lehrt [Buddha], ist das eine karmische Ursache-Wirkungsbeziehung, die zur Befreiung führt.

Da dies auf dem unfehlbaren karmischen Prinzip von Ursache und Wirkung beruht, sollte man auch praktizieren, um die acht Qualitäten der höheren Existenzen zu erlangen.

29 Die Abwesenheit eines Selbst, Tib. *bdag med*, Skt. *nairātmya.* Alle Phänomene (sowie der Geist, der diese wahrnimmt) sind leer von einem Selbst, weil sie ohne jegliche innewohnende, einzigartige, dauerhafte und unabhängige Existenz sind. Sie werden vollständig und ausschließlich durch das Prinzip des abhängigen Entstehens verschiedener Ursachen und Bedingungen bestimmt. Dies ist die naturgegebene Leerheit aller Dinge, die untrennbare Vereinigung von Manifestation und Leerheit, in der sie vollkommen rein und gleich sind.

- Wenn man darauf verzichtet, Schlechtes zu tun und gewalttätig zu sein, wird man ein langes Leben erlangen.
- Wenn man den Lama ehrt und unterstützt, wird man in einer edlen Familie wiedergeboren.
- Wenn man das Ansammeln von Verdiensten praktiziert, wird man reich sein.
- Wenn man eine ausschließlich reine Rede hat, wird das eigene Wort edel sein und respektiert werden, und so weiter[30].

Diese [acht Handlungen und die daraus resultierenden Qualitäten] wurden [von Buddha] dargelegt und gepriesen. Man sollte also danach streben, sie zu verwirklichen.

So wird das karmische Prinzip von Ursache und Wirkung bezüglich der Befreiung erklärt.

Samsara – der Daseinskreislauf

Wenn der verblendete Geist, von Unwissenheit beherrscht, auf irrtümliche Weise funktioniert, entstehen nicht-heilsame Gedanken als Ursache, und daraus [entsteht] das Erfahrungsfeld der sechs Daseinsbereiche Samsaras.

Im weiteren Verlauf entwickelt sich Anhaftung an diese Erfahrung der sechs Daseinsbereiche. Dies wird Kreislauf genannt und ist von Natur aus Leid.

Erklären wir nun, wie dies geschieht.

Zunächst gibt es das unausweichliche Prinzip, dass eine Ursache zu einem Resultat führt. Wenn entsprechend dieses Prinzips die Ursache Kleshas sind, sammeln sich die daraus hervorgehenden Resultate unaufhaltsam an und bringen das gesamte Leid der sechs Daseinsbereiche hervor.

30 Eine vollständige Liste befindet sich im Glossar unter: Qualitäten der höheren Welten, acht.

Die großen Kagyü-Lehrer früherer Zeiten hielten sich deshalb gewissenhaft an das Prinzip des karmischen Gesetzes von Ursache und Wirkung, das sie als die Essenz ihrer Herzenspraxis betrachteten.

So ist der Daseinskreislauf von Natur aus die fortwährende Erfahrung der drei Arten von Leid[31] – es ist nicht anders möglich.

Wo auch immer wir geboren werden, vom höchsten bis zum niedrigsten [der Bereiche bedingter Existenz], ist unsere Erfahrung einzig und allein durch eine irrtümliche Wahrnehmung bestimmt, die auf unsere tief verankerte Gewohnheit der Anhaftung an die Wirklichkeit der Erscheinungen dieser Existenz zurückzuführen ist. Eine solche Erfahrung ist ausschließlich Leid. Deshalb ist es unerlässlich, alle Stricke des Verlangens in diesem Leben vollständig zu durchtrennen.

Der ehrwürdige Mikyö Dorje[32] sprach in diesem Sinne:

»Die Essenz der Entsagung ist der Körper des glorreichen Lama.« Körper des Lama bezieht sich hier auf die Idee eines Ārya[33].

Dies zeigt uns die Wichtigkeit der Abneigung gegen Samsara.

Weiter sagt er:

»Wenn man das Sosein[34] der Phänomene versteht, ist die Aussage, dass sich das Prinzip von Ursache und Wirkung als Leerheit zeigt, eine erleuchtete Einsicht in die tatsächliche Realität der Phänomene.

Wenn man die Vielfalt[35] der Phänomene versteht, ist die Aussage, dass sich die Leerheit als das Prinzip von Ursache und Wirkung zeigt, eine erleuchtete Einsicht in die Manifestation der Strahlkraft, die die grundlegende Natur ihrer letztendlichen Wirklichkeit ausmacht.

31 Es gibt drei Formen von Leid: das Leid an sich, das eine schmerzhafte Erfahrung ist; das Leid der Veränderung, das eintritt, wenn sich Glück in Unglück verwandelt; und das subtile Leid, das allem Bedingten innewohnt, das Leid des Zustands der grundlegenden Verwirrung des Geistes.

32 Mikyö Dorje (1507–1554), der 8. Gyalwang Karmapa, Träger der Schwarzen Krone. Dieses Zitat findet sich im Text *Guru Yoga in vier Sitzungen*.

33 Siehe im Glossar unter: Ārya.

34 Tib. *chos nyid*, Skt. *dharmatā:* das Sosein der Phänomene, ihre letztendliche Wirklichkeit.

35 Tib. *chos can*, Skt. *dharmin*: die Phänomene als solche, ihre relative Wirklichkeit in der unendlichen Vielfalt ihrer Erscheinungen. Siehe auch Glossar unter: *Dharmatā.*

Wenn man diese Erscheinungsweise nicht als Illusion wahrnimmt, sondern als das erkennt, was sie ist, ist das Resultat [die Erlangung der] Körper[36] und der ursprünglichen Weisheiten.

Wenn man diese Erscheinungsweise irrtümlich wahrnimmt und durch mentale Vorstellungen[37] falsch versteht, ist das Resultat die Erfahrung von Leid an den niederen Orten [Samsaras].«

Vier Anzeichen dafür, dass die Zuflucht authentisch ist

So hat der Meister [Buddha], der die entscheidenden Punkte lehrte, was nicht-heilsam und was heilsam ist, selbst ausnahmslos alle Unreinheiten, die aus dem dualistischen Anhaften hervorgehen, beseitigt und die allwissende ursprüngliche Weisheit in ihren zwei Aspekten[38] zur vollständigen Vervollkommnung gebracht.

1. Man sollte tiefes Vertrauen in Buddha haben, mit dem rechten Wissen um all seine Qualitäten, den Qualitäten der perfekten Vollendung all dessen, was aufgegeben und was verwirklicht werden muss.
2. Man sollte wissen, dass Buddha jeden Lehrer einer anderen Tradition als dem Buddhismus übertrifft.
3. Man sollte aus tiefstem Herzen Zuflucht zu einem solchen außergewöhnlichen Meister nehmen.
4. Man wird nach keiner anderen Zuflucht suchen, da man fest davon überzeugt ist, dass es keinen Zufluchtort gibt, der diesem Meister überlegen oder gleichwertig wäre.

36 Die drei Körper oder Kayas.

37 Tib. *yi byed.*

38 1. Die Allwissenheit der Gesamtheit der Phänomene in der Soheit der letztendlichen Wirklichkeit, Tib. *ji lta ba mkhyen pa'i ye shes.* 2. Die Allwissenheit der Gesamtheit der Phänomene in der Vielfalt des Umfangs ihrer Manifestation, Tib. *ji snyed pa mkhyen pa'i ye shes.*

Wenn diese vier Geisteshaltungen in unserem eigenen Geistesstrom vollständig vorhanden sind, so wird gesagt, dass unsere Zufluchtnahme zu einer authentischen und vollkommenen, mit den vier Aspekten gut ausgestatteten Zuflucht wird.

Wenn man alle diese möglichen Vor-und Nachteile kennt und aufrichtig und überzeugt nach Befreiung aus dem Daseinskreislauf strebt, kann man sagen: »Mein Geist hat sich dem Dharma zugewandt«[39].

Der Erleuchtungsgeist

»Mein Dharma folgt dem [wahren Weg des] Dharma«: Dafür ist es notwendig, dass sich beide Aspekte des kostbaren Erleuchtungsgeistes im eigenen Geistesstrom entwickeln.

Wenn man ein umfassendes Wissen über diese beiden Aspekte erlangen möchte, kann man die folgenden Werke, die dies zum Thema haben, konsultieren:

Die *Sechs zentralen Texte der Kadampas.*

Der *Große Stufenweg* von Je Rinpoche [Je Tsongkhapa].

Der *Kostbare Schmuck der Befreiung* vom unvergleichlichen Dhagpo Rinpoche [Gampopa], sowie andere Werke.

Kurz gesagt: Die zwei Aspekte des kostbaren Erleuchtungsgeistes sind der Erleuchtungsgeist auf der Ebene der relativen und auf der Ebene der letztendlichen [Wirklichkeit][40].

Der relative Erleuchtungsgeist

Der kostbare Erleuchtungsgeist besteht auf der Ebene der relativen Wirklichkeit aus Liebe und Mitgefühl.

Er hat zwei Aspekte: den Erleuchtungsgeist des Strebens und den Erleuchtungsgeist der Anwendung.

39 Siehe Glossar unter: Dharmas von Gampopa, vier.

40 Siehe Glossar unter: Wahrheiten, zwei, relative und letztendliche Wirklichkeit.

Der Erleuchtungsgeist des Strebens

Man entwickelt den Gedanken: »Da alle fühlenden Wesen meine Mütter gewesen sind, und weil ich mich der Güte und des Wohlwollens [die sie mir erwiesen haben] erinnere, werde ich alle Wesen zum Zustand der Allwissenheit [der Erleuchtung] bringen.«

Der Erleuchtungsgeist der Anwendung

Hier geht es darum, sich einer tatsächlichen Dharma-Praxis, die einem entspricht, zu widmen, um den Zustand der Allwissenheit zu erreichen.

Die drei Arten von Gelübden

Der Dharma wird [im Rahmen der drei Arten von Gelübden] praktiziert: die Gelübde der individuellen Befreiung, die Bodhisattva-Gelübde und die Gelübde des geheimen Mantra.

- Die Essenz der Gelübde der individuellen Befreiung ist Entsagung. Sie wird kultiviert durch [den vollständigen Rahmen von] Vorbereitung, Hauptpraxis und Abschluss[41].
- Die Essenz der Bodhisattva-Gelübde ist vollkommenes Mitgefühl. Es wird kultiviert durch [den vollständigen Rahmen von] Vorbereitung, Hauptpraxis und Abschluss.
- Die Essenz der geheimen Mantra-Gelübde ist die reine Sichtweise. Sie wird entwickelt durch [den vollständigen Rahmen von] Vorbereitung, Hauptpraxis und Abschluss.

Die drei spezifischen Herangehensweisen an den Weg hinsichtlich Zurückweisung und Gegenmitteln sind: zurückweisen, umwandeln und erkennen[42].

41 Tib. *sbyor dngos rjes gsum*. Siehe Glossar unter: heilige Punkte der Praxis, drei.

42 Siehe Glossar unter: Herangehensweisen an emotionale Verblendung, drei.

Der letztendliche Erleuchtungsgeist

Das Ergebnis, das durch die Ausführung all dieser Aspekte [der Praxis des relativen Erleuchtungsgeistes] erreicht wird, ist der letztendliche Erleuchtungsgeist:

Das Ungeborene, Unaufhörliche, Unbegreifliche, Makellose, leuchtend Klare.

Zusammenfassend kann [der letztendliche Erleuchtungsgeist] auf die folgende allgemein übliche Weise beschrieben werden: Er ist die tatsächliche Verwirklichung, die vollständige Erkenntnis des ursprünglichen Bewusstseins in der Dimension der letztendlichen Wirklichkeit [*Dharmadhātu*], die den Bereich der Worte und Gedanken völlig übersteigt.

Aus der Perspektive des Praktizierenden auf dem Pfad ist die Frucht der Verwirklichung, die jeder, der ausschließlich vom kostbaren Erleuchtungsgeist des Strebens motiviert ist, schließlich erlangen wird, ein großer und unerschöpflicher Schatz.

Es heißt im *Eintritt in das Verhalten eines Bodhisattva*[43]:

»Von dem Augenblick an, wo dieser [Erleuchtungs-]Geist auf authentische Weise hervorgebracht wird, sprudeln die Verdienste kraftvoll, ununterbrochen und zahlreich hervor, selbst wenn man schläft oder unachtsam ist, und entfalten sich, bis sie den ganzen Raum ausfüllen.«

Wenn man fühlende Wesen [und sei es auch nur ein einziges] endgültig aufgibt oder Einstellungen entwickelt, die dem Erleuchtungsgeist widersprechen, bricht man die Bodhisattva-Gelübde. Das muss vermieden werden.

Man könnte auch die »Vier weißen und schwarzen Dharmas«[44], die »Achtzehn Wurzelverstöße [der Bodhisattva-Gelübde]« und andere erwähnen, aber ich werde hier nicht mehr schreiben, da ich fürchte, dass es dann zu lang wird.

43 Das *Bodhisattvacaryāvatāra* von Shantideva.

44 Siehe Glossar unter: weiße und schwarze Dharmas, vier.

Diejenigen, die in aller Ausführlichkeit wissen wollen, was [bezüglich der Bodhisattva-Gelübde] angenommen und aufgegeben werden soll, mögen die früheren Referenztexte zu diesem Thema zu Rate ziehen.

Schlusswort

Wer über umfangreiches Wissen und große Intelligenz verfügt, braucht diesen Text nicht zu lesen, der nicht durch Eleganz und Stil glänzt.

Aber Leser mit geringerer Intelligenz wie ich sollten sich nicht auf eine ungenaue Lektüre beschränken. Wenn sie den Text sorgfältig studieren, werden sie möglicherweise feststellen, dass er inhaltlich mit den Schriften übereinstimmt.

Nachwort

Was hier niedergeschrieben wurde, ist aus der Kraft hervorragender Wunschgebete und Verbindungen hervorgegangen, die vor vielen Kalpas, in einem Zeitalter gänzlicher Vollkommenheit, an einem prachtvollen Ort in einer Gegend des edlen Landes [Indien] entstanden sind, dem geheimen Ort Pema Yangtse[45].

Es ist auch das Ergebnis eines Ereignisses, was sich [im sechzehnten Jahrhundert] in der Mitte des Landes »Tal der Früchte[46]« zugetragen hat. Damals stellten der Dharma-König Mingyur Namgyal, siebter König der Dynastie »Herr der Menschen – Großer Herrscher der Götter«, sowie der Neunte Herr des Namens [Karmapa] in der Folge seiner Inkarnationen, Wangchuk Dorje genannt, der sich als wahre Inkarnation Tchenresigs in menschlicher Gestalt manifestierte, eine

45 Von Padmasambhava gesegneter Ort.

46 Tal der Früchte: das heutige Sikkim.

ehrwürdige und wohltätige Verbindung[47] miteinander her. Letzterer ist dafür bekannt, dass er gelobt hat, in der Zukunft als der Sechste Buddha Simha die volle Erleuchtung zu erlangen.

Es waren friedliche Zeiten im Kloster Samten Ling[48] in Rumtek, einem der drei Klöster, die der [siebte] König von Sikkim errichtet und dem [neunten Karmapa] Wangchuk Dorje geschenkt hatte, weil er ihn als das Kronjuwel seiner Krone betrachtete. Diese wurden mit der Absicht erbaut, den Wesen eine Stütze für Verehrung und Gebet zu sein.

Dieser Text wurde in einem Fluss von der Hand des Sechzehnten Trägers der Schwarzen Krone mit dem glorreichen Namen Karmapa geschrieben, in einem Sommermonat des Erd-Schwein-Jahres [1959], auf Bitten der königlichen Prinzessin von Bhutan, Jetsün Tshül Pel Chog, die von festem und unumstößlichem Vertrauen erfüllt war und ihm einen Schal aus göttlichem Tuch von reinem Weiß[49] als glückverheißendes Zeichen überreichte.

47 Ehrwürdiger und Wohltäter, Tib. *mchod gnas dang yon bdag*, kurz *mchod yon*. Dieser Ausdruck bezeichnet die besondere Verbindung, die entsteht, wenn jemand (der Verehrung aufbringende Wohltäter) einem großen verwirklichten Wesen (dem Ehrwürdigen, dem der Verehrung Würdigen) Gaben darbringt. Die karmischen Folgen einer solchen Verbindung und der damit verbundenen Wünsche setzen sich in unzähligen aufeinanderfolgenden Leben fort und verstärken sich dadurch.

48 Tib. *samten ling:* Meditationsgarten. Das ist der Name des ehemaligen Klosters der Karmapas in Rumtek (Sikkim), das im 16. Jahrhundert erbaut wurde.

49 Eine große Zeremonienkata, ein langes Stück weißer Seide, das mit den Motiven der acht glückverheißenden Zeichen bedruckt ist.

Anhang

Die Zufluchtsgelübde

Der Ehrwürdige Lama Tönsang gab die Zufluchtsgelübde in der traditionellen Weise wie folgt:

1 – Die Bedeutung der Zuflucht

Die Zuflucht bietet Schutz vor allen Formen von Leid im Kreislauf der bedingten Existenzen. Das ist die Bedeutung der Zuflucht.

Alle fühlenden Wesen, die endlos im Kreislauf der bedingten Existenzen umherirren, suchen nach einer Zuflucht, aber nur diejenigen, die den Geist mit Vertrauen auf die Zuflucht richten, nehmen tatsächlich Zuflucht.

2 – Das Objekt der Zufluchtnahme

Der Ort der Zuflucht sind die Drei Juwelen.

Was sind die Drei Juwelen? Buddha, Dharma und Sangha.

Buddha (*sangs rgyas*), das erste Juwel

1. Buddha hat seinen Geist von der grundlegenden Unwissenheit und dem dualistischen Anhaften gereinigt (*sangs*), die mit den leidvollen Geistestrübungen (Kleshas) einhergehen. Er hat somit die beiden daraus entstehenden Arten der Verdunkelung beseitigt, den groben Schleier der Kleshas und den subtilen Schleier des Wissens.
2. Buddha hat die Qualitäten der Erleuchtung voll entfaltet (*rgyas*) und die ursprüngliche allwissende Weisheit (*mkhyen pa'i ye shes*) verwirklicht. Diese erkennt einerseits die Gesamtheit der Phänomene

im Sosein ihrer absoluten Realität (*ji lta ba*) und andererseits in allen Einzelheiten und der Vielfalt ihrer Manifestation (*ji snyed pa*).

Der Dharma, das zweite Juwel, ist die Lehre Buddhas. Buddha lehrte die Qualitäten der Erleuchtung und den Weg zu ihrer Verwirklichung. Das ist der authentische Dharma, der Pfad zur Erleuchtung, das Wort Buddhas.

Die Sangha, das dritte Juwel, ist die Gemeinschaft all derer, die den Dharma verinnerlicht und die Lehren Buddhas verwirklicht haben. Das ist die Edle Sangha (die Sangha der Āryas) des Kleinen und Großen Fahrzeugs, die Versammlung all derer, die sich vom Kreislauf der bedingten Existenz befreit haben.

Von den Drei Juwelen ist die letztendliche Zuflucht nur Buddha als das zu erreichende Ziel. Bei den anderen beiden Juwelen handelt es sich um eine vorübergehende Zuflucht: der Dharma ist der Weg zur Erleuchtung und die Sangha leitet uns auf diesem Weg an.

3 – Die Notwendigkeit, Zuflucht zu nehmen

Es ist wichtig zu verstehen, dass es angesichts unserer Situation absolut notwendig ist, Zuflucht zu den Drei Juwelen zu nehmen. Da unser Geist durch Unwissenheit, Kleshas und Karma getrübt ist und wir vom leidvollen Kreislauf Samsaras, ohne einen Halt zu haben, mitgerissen werden, kann diese verhängnisvolle Situation nur enden, wenn wir Zuflucht zu den Drei Juwelen nehmen.

Nur die Drei Juwelen, die selbst völlig frei von allen samsarischen Trübungen sind, können eine wirksame Zuflucht bieten, die uns dann vor dem Leid der bedingten Existenz beschützt.

Mit diesem Verständnis Zuflucht zu nehmen, ist bereits die Essenz der Zuflucht, und wir werden tatsächlich vor allem Leid Samsaras beschützt sein, bis wir uns schließlich ganz davon befreien.

4 – Die Art und Weise, Zuflucht zu nehmen

Mit diesem Verständnis sollten wir Zuflucht nehmen und das Zufluchts-Gelübde dreimal wiederholen. Dabei stellen wir uns vor, dass Buddha sich mit seinem Gefolge wirklich vor uns befindet.

Wir denken, dass wir Zuflucht zu den Drei Juwelen nehmen, vom gegenwärtigen Augenblick an bis wir die endgültige Erleuchtung erlangt haben, damit wir die Gesamtheit der fühlenden Wesen, unsere Mütter, die den grenzenlosen Raum füllen, zur Glückseligkeit des unübertrefflichen und vollkommenen Buddha-Zustandes bringen können.

Wir denken: »Ich nehme Zuflucht zu euch, gewährt mir euren vollständigen Schutz in diesem Leben und in all meinen zukünftigen Existenzen, bis ich die Erleuchtung erreiche. Möget ihr mich stets vor leidvollen Daseinsformen und allem schädlichen Karma beschützen!«

5 – Der Nutzen der Zufluchtsgelübde

Die Vorteile der Zuflucht zu den Drei Juwelen sind zahllos. Wir können jedoch einige benennen:

- Nachdem man Zuflucht genommen hat, befindet man sich praktisch »im Inneren« (Tib. *nang pa*), ist somit Mitglied der buddhistischen Gemeinschaft und folgt Buddhas Beispiel.
- Nachdem man Zuflucht genommen hat, kann man alle anderen Gelübde des Pfades zur Erleuchtung erhalten, wie die Gelübde zur individuellen Befreiung oder die Bodhisattva-Gelübde. Man ist nun ein geeignetes Gefäß für die Übertragung von Ermächtigungen des Vajrayana oder Geheimen Mantra.
- Wenn der Nutzen der Zufluchtsgelübde eine Form hätte, wäre diese Welt zu klein dafür.
- Wenn jemand sein ganzes Leben lang täglich allen Buddhas und Bodhisattvas Edelsteine dargebracht hat, so dass die gesamte Erdoberfläche davon bedeckt ist, kann man das Ausmaß dieser Ver-

dienste bemessen. Aber das Ausmaß der Verdienste, das ein einzelnes Individuum ansammelt, das Zuflucht nimmt, kann nicht bemessen werden.

- Indem man Zuflucht nimmt, beendet man den Kreislauf der Existenzen, der sonst endlos weitergehen würde.
- Es gibt noch viele andere Vorteile, denn der Nutzen der Zufluchtnahme ist grenzenlos.

6 – Die Regeln der Zufluchtsgelübde

Es gibt neun Gelübde, die ihr von nun an euer gesamtes Leben lang einhalten solltet:

– Drei Dinge solltet ihr aufgeben:

1. Nachdem ihr Zuflucht zu Buddha genommen habt, nehmt keinen weltlichen Gott mehr als hauptsächliche Zuflucht. Betrachtet Buddha allein als die höchste, unübertroffene und unübertreffliche Zuflucht.
2. Nachdem ihr Zuflucht zum Dharma genommen habt, schadet niemals irgendeinem fühlenden Wesen, und sei es ein winziges Insekt.
3. Nachdem ihr Zuflucht zur Sangha genommen habt, folgt keinem nicht-buddhistischen spirituellen Meister mehr, und begebt euch nicht in Gesellschaft von schlechten Menschen (die negative Handlungen begehen oder diese fördern).

– Drei Dinge solltet ihr praktizieren:

4. Nachdem ihr Zuflucht zu Buddha genommen habt, respektiert jegliche Darstellung von Buddha (Statuen, Bilder, etc.), bis hin zur kleinsten Tonfigur. Missachtet sie nicht, indem ihr sie auf dem Boden liegen lasst, über sie hinwegtretet, usw. Respektiert sie als heilige Stütze, als das Juwel des Buddha selbst.

5. Nachdem ihr Zuflucht zum Dharma genommen habt, respektiert jegliche Darstellung des Dharma (Texte, Bücher, etc.), bis hin zum kleinsten Buchstaben. Missachtet sie nicht, indem ihr sie auf dem Boden liegen lasst, über sie hinwegtretet, usw. Respektiert sie als heilige Stütze, als das Juwel des Dharma selbst.
6. Nachdem ihr Zuflucht zur Sangha genommen habt, respektiert alle Repräsentanten der Sangha (Lamas, Nonnen und Mönche), bis hin zum geringsten Mönch. Achtet sie als heilige Stütze, als das Juwel der Sangha selbst.

– Drei Praktiken im Zusammenhang mit der Zuflucht:

7. Verehrt die Drei Juwelen regelmäßig mit Ehrerbietung, Gaben und Lobpreisungen.
8. Haltet täglich die Zuflucht zu den Drei Juwelen aufrecht und rezitiert mindestens sieben Mal am Tag (morgens, abends, etc.) das Zufluchtsgebet. Stellt euch bei allen Gelegenheiten unter den Schutz der Zuflucht, wie bei Reisen mit dem Auto, dem Zug oder Flugzeug.
9. Hört so oft wie möglich Dharma-Unterweisungen eines qualifizierten spirituellen Lehrers und setzt sie in die Praxis um.

Tibetischer Text

༄༅། །སྐྱབས་འགྲོའི་འཇུག་སྒོ་ཕན་བདེའི་ལམ་བཟང་ཞེས་བྱ་བ་བཞུགས་སོ།།

༄༅། །སངས་རྒྱས་ཆོས་དང་བྱང་ཆུབ་སེམས་དཔའི་ཚོགས་རྣམས་ཀྱི་ངོ་བོ་དཔལ་ལྡན་བླ་མ་རྣམས་ལ་གུས་པས་ཕྱག་འཚལ་ལོ། །དེ་ཡང་བདག་ཅག་རྣམས་ཀྱི་སྟོན་པ་དེ་ཉིད་སྔོན་བྱང་ཆུབ་མཆོག་ཏུ་ཐུགས་བསྐྱེད་ནས་བསྐལ་པ་གྲངས་མེད་གསུམ་དུ་ཚོགས་བསགས་པའི་མཐར་འོད་སྲུང་གི་སྤྱན་སྔར་བྲམ་ཟེ་ཁྱེའུའི་བླ་མ་དང་། དེ་ནས་འཕོས་ཏེ་ལྷའི་བུ་དམ་པ་ཏོག་དཀར་པོའི་སྐྱེ་བར་བཟུང་ནས་མི་རྣམས་ཚེ་ལོ་བརྒྱ་པའི་དུས་སུ་གཟིགས་པ་རྣམ་པ་ལྔ་ཡིས་ཡང་དག་པའི་རིགས་པ་དང་། ཡང་དག་པའི་མཐའ་དང་། ཡང་དག་པའི་ལས་ཀྱིས་འདུལ་བར་གཟིགས་ནས་སྐྱེ་བའི་ཚུལ་བཟུང་བ་ནི། འཕོ་དང་ལྷུམས་ཞུགས་བལྟམས་པ་དང་། །བཟོ་དང་རོལ་རྩེད་ངེས་འབྱུང་དང་། །དཀའ་སྤྱད་དྲུང་གཤེགས་བདུད་སྡེ་བཅོམ། །བྱང་ཆུབ་ཆོས་འཁོར་མྱ་ངན་འདས། །ཞེས་གསུངས་པ་ལྟར། འཕོས་ཏེ་ལྷུམས་སུ་ཞུགས་ནས་སྐྱེ་བའི་ཚུལ་བསྟན། བལྟམས་མ་ཐག་ཏུ་ལྷ་རྣམས་ཀྱིས་རོལ་མོ་དང་བཅས་ཏེ་ཁྲུས་གསོལ་བ་དང་ལྷན་ཅིག་ཏུ་བཞེངས་ཤིང་ས་ཆེན་པོ་ལ་གོམ་པ་བདུན་བོར་ནས་ཕྱག་ནམ་མཁའ་ལ་གཏད་དེ། ང་ནི་འཇིག་རྟེན་འདི་ན་མཆོག་ཏུ་གྱུར་པའོ།

།ཞེས་གསུངས་ཤིང་འབྲུངས་པའི་སྐབས་དེར། བྲམ་ཟེའི་མཚན་མཁན་ལ་ལྟུས་པས་འཁོར་ལོ་བསྒྱུར་བའི་རྒྱལ་པོའམ། ཡང་ན་སངས་རྒྱས་སུ་འགྱུར་གསུངས་པ་བཞིན། བཟོ་དང་རོལ་རྩེད་ལས་རྣམ་པར་རྒྱལ་ཏེ། བཙུན་མོ་དང་འཁོར་གྱི་ཚོགས་ལ་དགྱེས་པར་རོལ་པའི་སྐབས་དེར་ཕོ་བྲང་གི་སྒོ་ནས་གཟིགས་པས་སྐྱེ་རྒ་ན་འཆིའི་ཆུ་བོ་ཆེན་པོ་བཞི་ལ་རབ་ཏུ་བསུན་ཏེ། ཁྱིམ་ནས་ཁྱིམ་མེད་པར་རབ་ཏུ་བྱུང་ཞིང་། དཀའ་ལ་མཉམ་པར་བཞག སྲོད་ལ་བདུད་བཏུལ། ཐོ་རངས་མངོན་པར་ཤེས་པ་རྣམས་གྲུབ་ནས་མངོན་སངས་རྒྱས་ཏེ། ཆོས་འཁོར་རིམ་པ་བསྐོར་བའི་ཚུལ་ནི། ཡུལ་ཝཱ་ར་ཎ་སཱིའི་རི་དྭགས་ལྷུང་བའི་ནགས་སུ་བདེན་པ་བཞི་གསུངས་ཏེ། དེ་ཡང་མ་རིག་པ་ས་བོན་གྱི་ཚུལ་གྱིས་ན་རྒྱུ་ཀུན་འབྱུང་གི་བདེན་པ། དེ་ཡི་འབྲས་བུ་ཉོན་མོངས་པ་ནད་ལྟ་བུ་སྡུག་བསྔལ་གྱི་བདེན་པ། དེ་ཡི་གཉེན་པོ་སྨན་ལྟ་བུར་ལམ་གྱི་བདེན་པ། ལམ་དེ་ཡི་མཐུས་རྒྱུ་ཀུན་འབྱུང་དང་ཉོན་མོངས་པ་ནད་ལྟ་བུ་ལས་གྲོལ་བ་ནི་འབྲས་བུ་འགོག་པའི་བདེན་པའོ། །ཐེག་ཆེན་རྣམས་ཀྱི་ངོར་བྱང་ཆུབ་སེམས་དཔའི་སྡེ་སྣོད་གསུངས་ལ། གང་དུ་གསུངས་གནས་བྱ་རྒོད་ཕུང་པོའི་རི་ལ། ལྷག་པ་སེམས་ཀྱི་བསླབ་པ། ལྷག་པ་ཤེས་རབ་ཀྱི་བསླབ་པ། དེ་ཡང་ལྷག་པ་ཏིང་ངེ་འཛིན་གྱི་དབང་དུ་བྱས་པ་དང་། དོན་དམ་སོ་སོར་རང་རིག་པའི་ཡེ་ཤེས་ཀྱི་དབང་དུ་བྱས་པ་དང་། ཟབ་ཅིང་རྒྱ་ཆེ་བའི་ཆོས་སྒོ་བསམ་གྱིས་མི་ཁྱབ་སྟེ། ལོག་པར་རྟོག་པའི་བདེན་གྲུབ་དང་། བདེན་འཛིན་ལྡོག་ནས་གཟུང་འཛིན་གྱི་མཚན་མ་ཉེ་བར་ཞི་ནས་ཆོས་ཀྱི་ཡེ་ཤེས་མངོན་དུ་བརྙེས་པའི་ཚུལ་བསྟན་པའི་དབང་དུ་

མཛད་དེ། བར་པ་མཚན་ཉིད་མེད་པའི་ཆོས་འཁོར་བསྐོར་བ་དང་། གཞན་ཡང་སྟོན་པ་ཐུགས་རྗེ་ཚད་མེད་པ་དེས་རིགས་ཁྱད་པར་ཅན་གྱི་དབང་དུ་མཛད་ནས་མ་ངེས་པར་གཟུང་འཛིན་གྱིས་སྟོང་པའི་ཆོས་དབྱིངས་ཡེ་ཤེས་ཀྱི་ལྡོག་ཆ་ལ་དོན་དམ་ཡོན་ཏན་གྱི་རྣམ་གྲངས་ངེས་པར་ཕྱེས་ཏེ་གསུངས་པ་ནི་ལེགས་པ་རྣམ་པར་ཕྱེ་བའི་ཆོས་ཏེ་ཆོས་འཁོར་རིམ་པ་གསུམ་གྱི་ཚུལ་དུ་བསྐོར་ནས་སྟོན་པ་དེས་ཡང་དག་པར་རིག་པའི་ཐུགས་རྗེའི་ཡེ་ཤེས་ཚད་མེད་པས་སེམས་ཅན་མཐའ་ཡས་མུ་མེད་པ་ཞིག་ཕན་བདེའི་གོ་འཕང་ལ་འགོད་པར་མཛད་པའོ། །དེ་ནས་རང་རེ་རྣམས་འགྲོ་བ་རིགས་དྲུག་ཏུ་སྐྱེ་བའི་ཉོན་མོངས་པས་རྟག་ཏུ་གཟིར་བའི་གཡང་ཁར་མིག་བྲལ་ལམ་སྟོར་བ་དེ་དག་འདྲེན་པར་བྱེད་པའི་སྐྱབས་ཤིག་མ་འཚོལ་ཐབས་མེད་དུ་སོང་ཞིང་། དེ་དག་ལས་སྐྱོབ་པར་ནུས་པ་ནི། མཆོག་གསུམ་ཁོ་ན་ལས་གཞན་སུ་ཡིས་ཀྱང་མ་ཡིན་ལ། དེས་ན་དཀོན་མཆོག་གསུམ་ལ་སྐྱབས་སུ་འགྲོ་དགོས། འགྲོ་བའི་ཚུལ་ནི་ཚད་ལྡན་ཞིག་བྱེད་ན་དཀོན་མཆོག་གསུམ་གྱི་ཡོན་ཏན་ཚུལ་བཞིན་དུ་མ་ཤེས་ན་ཚད་ལྡན་པ་ཞིག་ཡོང་བ་མི་སྲིད། རྒྱུ་མཚན་དེ་བས་ན། སངས་རྒྱས་ནི། སྤངས་རྟོགས་ཡོངས་སུ་མཐར་ཕྱུག་གི་སངས་རྒྱས་ཏེ། དེ་དག་གི་ཆོས་དབྱིངས་ཡེ་ཤེས་དང་། གཉིས་སུ་མེད་པའི་གསུང་དབྱངས་ཀྱི་མཚན་ཉིད་ནི་གཟུང་འཛིན་གྱི་མཚན་མ་ཞི་བས་ཆགས་པ་དང་བྲལ་ཞིང་། ཕྲིན་ལས་ཀྱིས་ཉོན་མོངས་འགོག་པར་བྱེད་པ་ལམ་གྱི་མཚན་ཉིད་འགོག་པའི་བདེན་པ་སྟེ་ཆོས་ཀྱི་མཚན་ཉིད་དོ། །དེ་དག་གི་དོན་ཚུལ་བཞིན་དུ་རིག་སྟེ་རྗེས་སུ་སློབ་པར་བྱེད་ཅིང་ཐོག་མཐའ་བར་གསུམ་དུ་དགེ་བའི་ལས་སུ་འཇུག

པར་བྱེད་པ་འཕགས་པའི་དགེ་འདུན་ཏེ་དཀོན་མཆོག་གསུམ་མོ། །ཡུལ་དེ་དག་གི་ཡོན་ཏན་ཤེས་ནས་མི་ཕྱེད་པའི་དད་པས་སྐྱབས་སུ་འགྲོ་ན་ཡུལ་དམ་པ་དེ་ཉིད་ལ་དད་པའི་གསོལ་ཐེབས་ཏེ། དཀོན་མཆོག་གསུམ་གྱི་ཐུགས་རྗེས་འཛིན་ཟེར་བ་ཡིན། དཀོན་མཆོག་གསུམ་གྱི་ཐུགས་རྗེ་དེས་འཛིན་ན་སླར་མི་གཏང་བ་ཡིན་ལ། དེ་ལྟར་འཛིན་པའི་ཐུགས་རྗེའི་ཕྲིན་ལས་ཡོད་ཅིང་། གཏོང་བའི་བློ་མེད་དེ་གཟུང་འཛིན་ཡོངས་སུ་བྲལ་བའི་ཕྱིར་རོ། །རྒྱ་མཚན་དེའི་ཕྱིར་ན་ཆུ་སྲིན་ཁར་དཔེར་བྱས་སོ། །སྙིང་ཐག་པ་ནས་དད་པས་གསོལ་ཐེབས་ཏེ་སྐྱབས་འགྲོའི་སྡོམ་པ་དེས་རྒྱུད་བསྡམས་ནས་སྐྱབས་སུ་འགྲོ་ན་ངན་སོང་གསུམ་དང་། མཐོ་རིས་གསུམ་སྟེ་རིགས་དྲུག་ཏུ་སྐྱེ་བར་བྱེད་པའི་ཉོན་མོངས་གཡང་སའི་ཁར་གནས་པའི་ལམ་ལོག་དེ་ལས་ལྡོག་སྟེ་ཐར་པའི་ལམ་ན་ལེགས་པར་ཟིན་པ་ཡིན་ལ། དེ་ལྟ་བུའི་སྐྱབས་འགྲོའི་སྡོམ་པ་རྣམ་དག་ཅིག་རྒྱུད་ལ་སྐྱེས་པའི་གང་ཟག་དེ་དག་སྡུག་བསྔལ་མཐའ་དག་ལས་ཐར་བར་མི་བསླུ་བར་ངེས་པར་སྐྱབས་སོ། །ཇི་ལྟར་སླམ་ན་སྐྱབས་འགྲོའི་སྡོམ་པས་ཡོངས་སུ་ཟིན་པའི་མི་དེ་ལ། རྐྱེན་ངན་རང་མཚན་པ་རྒྱུད་ལ་མི་སྐྱེ་བ་ནི། རྐྱེན་ངན་གྲོགས་སུ་ཤར་ཏེ་ནད་གདོན་དྲག་པོས་གཙེས་པ་སོགས་འབྱུང་བའི་དུས་སྔོན་རྒྱུ་མ་རིག་པའི་དབང་གིས་བསགས་པའི་ལས་སུ་སྨིན་པར་ཤེས་ནས་སྡུག་བསྔལ་རང་རྒྱུད་པ་མི་འཛིན་པའི་ཁར། ལས་རྒྱུ་འབྲས་བསླུ་མེད་ལ་ཡིད་ཆེས་པས་གྲོགས་སུ་ཤར་བའོ། །གཞན་ཡང་མི་སྙན་པ་བརྗོད་པའི་ཚེ་རང་སྐྱོན་སུན་འབྱིན་པའི་གྲོགས་སུ་ཤར་བ་དང་། བསྟོད་པར་བརྗོད་པའི་དུས་འབྱུང་ཚེ་དཀོན་མཆོག་ལ་ཡིད་ཆེས་ཏེ་དད་པ་གོང་

དུ་འཕེལ་ཞིང་། བཟང་ངན་གང་བྱུང་གང་སྣང་ཐམས་ཅད་རང་གྲོལ་ཕར་བཏགས་ལོག་ཤེས་ཀྱི་ལས་ཀྱི་འཁྲུལ་རྟོག་སྣང་ཙམ་ཉིད་ལས་སྐྱེ་བ་མེད་པར་ཡིད་ཆེས་པའི་སྟོབས་ཀྱིས་ཆགས་སྡང་གི་ངན་རྟོག་ཇི་ལྟར་སྐྱེས་ཀྱང་དེའི་རྗེས་སུ་མི་འབྲང་བར་མགོ་སྒོམས་ནས་བཟློད་པ་དམ་པའི་ལམ་ལ་གནས་ནས་ཕྱིར་མི་ལྡོག་པའི་ལམ་སྣེ་ངེས་པར་ཟིན་པའི་ཕྱིར་ཕྱི་ནང་གི་གྲུབ་མཐའི་དབྱེ་བ་སྐྱབས་གནས་ཁྱད་པར་གྱིས་འབྱེད་པ་ཡིན། དེ་ལ་དགོངས་ཏེ། སྟོམ་པ་ཀུན་ལ་ཡོད་མོད་ཀྱང་། །སྐྱབས་སུ་མ་སོང་བ་ལ་མེད། །ཅེས་གསུངས་པའི་དགོངས་དོན་ཡང་དེ་ལ་དགོངས་སོ། །ཕྱིར་ཆོས་ཕུང་སྟོང་ཕྲག་བརྒྱད་ཅུ་རྩ་བཞི་ཡང་སྐྱབས་འགྲོའི་བསླབ་བྱ་ཡོངས་སུ་རྫོགས་པར་བསྟན་པའི་ནང་དུ་འདུ་སྟེ། ཆོས་ཕྱོགས་གཅིག་ནི་སྐྱབས་འགྲོའི་སྦྱོར་བ་སྨོན་འགྲོ་སེམས་བསྐྱེད་ཀྱི་ཁོངས་སུ་བྱས་པ་དང་། ཕྱོགས་གཅིག་དངོས་གཞིའི་ཁོངས་སུ་བྱས་པ་དང་། ཕྱོགས་གཅིག་འབྲས་བུ་ཕྱིན་ལས་རྗེས་ཀྱི་དབང་དུ་བཀྲལ་ཏེ་རྣམ་པར་བཞག་པའི་ཕྱིར་རོ། དེས་ན་ནང་པ་སངས་རྒྱས་པའི་ཆོས་ཐམས་ཅད་སྐྱབས་འགྲོའི་ཁོངས་སུ་འདུ་བ་ཡིན་པས་ཀུན་གྱི་གལ་ཆུང་དུ་མི་མཛད་པར་ཐུགས་དམ་གྱི་མཐིལ་དུ་གཟུང་བར་འཚལ་ལགས་ཤིང་། དེ་ལྟ་བུའི་དམ་པའི་ཆོས་ཟབ་མོ་དེ་ཉིད་ཉམས་སུ་ལེན་པར་ནུས་པའི་སྐལ་བར་གྱུར་པའི་རྟེན་མཆོག་རྒྱུ་དཔེ་གྲངས་གསུམ་གྱི་སྒོ་ནས་ཤིན་ཏུ་རྙེད་པར་དཀའ་བའི་དལ་འབྱོར་གྱི་མི་ལུས་རིན་པོ་ཆེ་ལས་ཀྱང་ཆེས་ཁྱད་པར་དུ་འཕགས་པ་འདི་ལྟ་བུ་ཞིག་བརྙེས་པའི་སྐབས་དེར། མི་ཚེ་དོན་མེད་སྟོང་ཟད་ཆུད་ཟོས་སུ་མི་གཏང་བར་དོན་ཡོད་པ་དམ་པའི་ཆོས་རྣལ་མ་ཞིག་བསྒྲུབ་དགོས་སྙམ་པའི་

འདུན་པ་དྲག་ཏུ་བསྐྱེད་དེ་ཉིད་ཕྱི་ཞོལ་དུ་མི་བཞག་པར་ད་ལྟ་རང་བསྒྲུབ་དགོས་པ་ཡིན། ཅིའི་ཕྱིར་ཞེ་ན། ཕྱི་ནང་སྣོད་བཅུད་ཀྱི་ཆོས་ཐམས་ཅད་འདུས་བྱས་ལས་གཞན་དུ་གྲུབ་པ་མེད་པས་སྐད་ཅིག་ཀྱང་རྟག་པ་མེད་ལ། ལྷག་པར་འགྲོ་བ་རྣམས་ཀྱི་ཚེ་སྲོག་ནི་ཆུ་བུར་ལས་ཀྱང་མི་རྟག་ཅིང་གློ་བུར་དུ་འཆི་བ་ཐོག་ཏུ་བབ་ངེས་དེའི་དུས་ན་གཉེན་འདུན་ནོར་རྫས་སོགས་གང་གིས་ཀྱང་ཕན་པ་མེད། གཅིག་པུར་བར་དོར་འཁྱམས་པའི་དུས་དམ་པའི་ཆོས་ཁོ་ན་ལས་ཕན་པས་དངོས་པོ་གང་ཡང་མི་འདུག་ན་ད་ལྟ་ནས་བརྩོན་པ་ཆེན་པོས་བསྒྲུབ་དགོས་སོ། །ལས་ཀྱི་དབང་གིས་འཆི་བར་འདོད་པ་གཅིག་ཀྱང་ཡོད་པ་མི་སྲིད་ཀྱང་། རྒྱུ་འབྲས་ལྟོས་གྲུབ་བསླུ་མེད་ཀྱི་དབང་གིས་གྲུབ་པ་ལས་སུས་ཀྱང་མ་བྱས་ཤིང་། རྣམ་སྨིན་གྱི་འབྲས་བུས་མཆོག་དམན་བར་མར་མཐོང་ཆོས་སུ་གྱུར་པ་ནི། དགེ་དང་མི་དགེའི་རྟོག་པས་ལས་ཀྱི་འབྲས་བུར་མངོན་ལ། དེ་ཡང་རྒྱུ་དགེ་བའི་རྟོག་པ་ནི་ཡང་དག་པར་རིག་པའི་མཐའ་སྟེ། ཡང་དག་པའི་རིག་པ་དེ་ཇི་ལྟར་ཞེ་ན། བདག་མེད་པ་ལ་བདག་ཏུ་འཛིན་པའི་མ་རིག་པ་དེ་ཡི་རྒྱུ་འབྲས་ལ་ལོག་པར་གོ་ནས་ཡང་དག་པར་རིག་པའི་ལས་ཀྱི་ལམ་ལ་ཚུལ་བཞིན་དུ་ཡང་དག་པར་རིག་པ་ནི་ལས་ཀྱི་ལམ་ཡང་དག་པར་མཐོང་བ་དགེ་བའི་རྟོག་པ་སྟེ། དེས་བསྐྱེད་པ་སེམས་པ་ཡིད་ཀྱི་ལས་དང་། བསམ་པ་ལུས་ངག་གི་ལས་སུ་གསུངས་ལ། ཡང་དག་པའི་རིག་པ་སེམས་པ་ཡིད་ཀྱི་རྟོག་པ་དེས་བསྐྱེད་པའི་ལུས་ངག་གི་ལས་ལམ་དགེ་བ་ཡིན་ལ། རྒྱུ་དེས་བསགས་པའི་འབྲས་བུ་ནི་མངོན་མཐོ་དང་། ངེས་ལེགས་ཀྱི་གོ་འཕང་འཐོབ་པར་བྱེད་དོ། །རྟོག་པ་དེས་བསྐྱེད་པས་ལས་རྒྱུ་

འབྲས་ནི་ཐོག་མཐའ་བར་གསུམ་དུ་དགེ་བས་ན་དགེ་བའི་རྟོག་པའོ། །རྟོག་པ་དེས་བླངས་པའི་ཐེག་གསུམ་ཆོས་ཀྱི་ལམ་ལ་ཞུགས་ཤིང་སྒྲུབ་པར་བྱེད་པ་ནི་ཐར་པ་རྒྱུ་འབྲས་སུ་གསུངས་པ་ཡིན་ནོ། །རྒྱུ་འབྲས་བསླུ་མེད་ལ་བརྟེན་པའི་ཕྱིར་མཐོ་རིས་ཀྱི་ཡོན་ཏན་བརྒྱད་ཞར་བྱུང་དུ་བསྒྲུབ་དགོས་པ་སྟེ། གནོད་འཚེ་སྤངས་པས་ཚེ་རིང་། བླ་མར་བཀུར་བས་རིགས་མཐོ། བསོད་ནམས་ཀྱི་ཚོགས་བསགས་པས་འབྱོར་བ་ཆེ། ངག་དག་པ་ཁོ་ནར་སྨྲད་པས་ཚིག་བཙུན་པ་སོགས་གསུངས་པས་མངོན་པར་བསྟོད་དེ་བསྒྲུབ་པར་བྱའོ། །དེ་དག་རྣམས་ནི་ཐར་པ་ཆ་མཐུན་གྱི་རྒྱུ་འབྲས་སུ་གསུངས་ལ། མ་རིག་པའི་ལས་ལོག་པར་རྟོག་པ་རྒྱུ་མི་དགེ་བའི་རྟོག་པས་བསྐྱེད་པ་ནི་རིགས་དྲུག་གི་སྤྱོད་ཡུལ་ལོ། །རིགས་དྲུག་གི་སྤྱོད་ཡུལ་དུ་ཞེན་པ་ལ་འཁོར་བ་ཞེས་བྱ་སྟེ་སྡུག་བསྔལ་གྱི་རང་བཞིན་ནོ། །དེ་ཇི་ལྟར་ཞེ་ན། རྒྱུ་སྔོན་སོང་གི་འབྲས་བུ་བསླུ་མེད་དེ་རྒྱུ་ཉོན་མོངས་པས་བསགས་པའི་འབྲས་བུ་རིགས་དྲུག་གི་སྡུག་བསྔལ་མི་ཤར་བའི་རང་དབང་མེད་དོ། །དེས་ན་བཀའ་བརྒྱུད་གོང་མ་རྣམས་ཀྱིས་ལས་རྒྱུ་འབྲས་ལ་ཕྱིས་པོ་ཆེ་མཛད་དེ་ཐུགས་དམ་གྱི་མཐིལ་མཛད་དོ། །རྒྱུ་མཚན་དེ་བས་ན་འཁོར་བའི་རང་བཞིན་འདི་སྡུག་བསྔལ་གསུམ་ལས་རྟག་ཏུ་མ་འདས་པར་མངོན་ནོ། །གནས་རིས་མཐོ་དམན་གང་དུ་སྐྱེས་ཀྱང་འདིར་སྣང་ལ་མངོན་པར་ཞེན་པའི་བག་ཆགས་ཀྱི་འཁྲུལ་སྣང་སྡུག་བསྔལ་ཁོ་ན་ཚེ་འདིའི་གདོས་ཐག་ལེང་གིས་གཅོད་དགོས་སོ། །དེ་ལ་དགོངས་ཤིང་རྗེ་མི་བསྐྱོད་ཞབས་ཀྱིས། ཞེན་ལོག་ངོ་བོ་དཔལ་ལྡན་བླ་མའི་སྐུ། ཞེས་གསུངས་པ་ཡིན་ནོ། །བླ་སྐུ་དེ་འཕགས་ངོར་བཞག་པ

ཡིན། དེས་ན་འཁོར་བ་ལ་ཞེན་པ་ལོག་པ་གལ་ཆེའོ། །ཡང་རྗེ་དེ་ཉིད་ཀྱིས། ཆོས་ཉིད་རྟོགས་ན་རྒྱུ་འབྲས་སྟོང་ཉིད་དུ་ཤར་གསུངས་པ་གནས་ཚུལ་ཆོས་ཉིད་ཀྱི་གཞིས་ལ་དགོངས་པ་དང་། ཆོས་ཅན་རྟོགས་ན་སྟོང་ཉིད་རྒྱུ་འབྲས་སུ་ཤར་གསུངས་པ་གཞིས་ཀྱི་གདངས་སྣང་ཚུལ་ལ་དགོངས་པ་ནི། སྣང་ཚུལ་མ་འཁྲུལ་བར་ཚུལ་བཞིན་རིག་པ་ལ་འབྲས་བུ་སྐུ་དང་ཡེ་ཤེས་སོ། །སྣང་ཚུལ་ལོག་པ་ཚུལ་མིན་ཡིད་བྱེད་ཀྱི་རིག་པར་འབྲས་བུ་ངན་ལེན་གྱི་སྡུག་བསྔལ་དུ་གྲུབ་བོ། །དེ་ལྟར་སྐྱོན་ཡོན་གྱི་གནས་སྟོན་པའི་སྟོན་པ་དེ་ཉིད་གཟུང་འཛིན་གྱི་དྲི་མ་མ་ལུས་པ་སྤངས་པ་དང་། མཁྱེན་གཉིས་ཀྱི་ཡེ་ཤེས་ཡོངས་སུ་རྫོགས་པ་སྟེ། སྤངས་རྟོགས་ཕུན་སུམ་ཚོགས་པའི་སངས་རྒྱས་ཀྱི་ཡོན་ཏན་དེ་དག་ཚུལ་བཞིན་དུ་ཤེས་ནས་སྙིང་ཐག་པ་ནས་ཡིད་ཆེས་པ་དང་། གཞན་ཕྱི་རོལ་པའི་སྟོན་པ་སོགས་ལས་ཁྱད་པར་དུ་འཕགས་པར་ཤེས་པ་དང་། ཁྱད་པར་འཕགས་པའི་སྟོན་པ་དེ་ཉིད་ལ་སྙིང་ནས་སྐྱབས་སུ་འགྲོ་བ་དང་། སྟོན་པ་དེ་ཉིད་ལས་ལྷག་པའི་སྐྱབས་གནས་གཞན་ན་མེད་པར་ཐག་ཆོད་པས་སྐྱབས་གཞན་མི་འཚོལ་བ་བཞི་པོ་རྒྱུད་ལ་ཚང་ན་ཟུར་བཞི་ལྡན་སྐྱབས་འགྲོའི་མཚན་ཉིད་ཡང་དག་པར་གསུངས་སོ། །ཁེ་ཉེན་དེ་ལྟར་ཤེས་ནས་ངེས་པར་འཁོར་བ་ལས་ཐར་བར་འདོད་པ་དེ་ནི་བློ་ཆོས་སུ་སོང་ཟེར་བ་དེ་ཡིན། ཆོས་ཆོས་སུ་འགྲོ་བ་ལ་བྱང་ཆུབ་ཀྱི་སེམས་རིན་པོ་ཆེ་རྣམ་པ་གཉིས་རྒྱུད་ལ་བསྐྱེད་དགོས་ལ། དེ་དག་རྒྱས་པར་ཤེས་འདོད་ན། བཀའ་གདམས་གཞུང་དྲུག་དང་། རྗེ་རིན་པོ་ཆེའི་ལམ་རིམ་ཆེན་མོ། མཉམ་མེད་དྭགས་པོ་རིན་པོ་ཆེའི་ཐར་རྒྱན་སོགས་ལས་ཤེས་པར་བྱ། མདོར་བསྡུ་ན་

ཀུན་རྫོབ་དང་དོན་དམ་གཉིས་ཏེ། དེ་ཡང་ཀུན་རྫོབ་བྱང་ཆུབ་ཀྱི་སེམས་བྱམས་པ་དང་སྙིང་རྗེ་སྟེ། དེའང་སྨོན་འཇུག་གཉིས་སུ་འདུ་ལ། སྨོན་པའི་སེམས་ནི་སེམས་ཅན་ཐམས་ཅད་མར་ཤེས་དྲིན་ཅན་གྱི་སྒོ་ནས་དེ་རྣམས་རྣམ་མཁྱེན་གྱི་གོ་འཕང་འཐོབ་པར་བདག་གིས་བྱའོ་སྙམ་པ་དང་། འཇུག་པའི་སེམས་ནི་རྣམ་མཁྱེན་འཐོབ་པར་སྨིན་པའི་ཆོས་གང་དང་གང་ལ་འཇུག་ཅིང་ལག་ཏུ་བླངས་པ་དེ་ཡིན་ནོ། །བླང་བྱ་སོ་བྱང་སྔགས་གསུམ་སྟེ་ངོ་བོ་ངེས་འབྱུང་གིས་བླངས་པའི་སྡོམ་དངོས་རྗེས་གསུམ་ནི་སོ་ཐར། ངོ་བོ་སྙིང་རྗེས་ཀུན་ནས་བླངས་པའི་སྡོམ་དངོས་རྗེས་གསུམ་ནི་བྱང་སེམས། ངོ་བོ་དག་སྣང་གིས་བླངས་པའི་སྡོམ་དངོས་རྗེས་གསུམ་ནི་གསང་སྔགས་ཏེ། ལམ་སྤངས་གཉེར་གྱི་ཁྱད་པར་ནི། སྤང་བསྒྱུར་ཤེས་གསུམ་གྱི་ཁྱད་པར་ཡིན། དེ་དག་གི་མཐར་འབྲས་ནི་དོན་དམ་བྱང་ཆུབ་ཀྱི་སེམས་ཏེ། མ་སྐྱེས་པ། མ་འགགས་པ། བསམ་གྱིས་མི་ཁྱབ་པ། དྲི་མ་མེད་པ། འོད་གསལ་བ་སྟེ། མདོར་ན་སྤྲ་རྟོག་གི་ཡུལ་ལས་འདས་པའི་ཆོས་དབྱིངས་ཡེ་ཤེས་ཉིད་མངོན་དུ་གྱུར་པའམ་ཁོང་དུ་ཆུད་པ་ལ་ཐ་སྙད་དུ་མཛད་དོ། །སྨོན་པ་བྱང་ཆུབ་ཀྱི་སེམས་རིན་པོ་ཆེས་ཀུན་ནས་བླངས་ཏེ་བསྒྲུབས་པར་བྱས་པ་གང་ཞིག་གྲུབ་པའི་འབྲས་བུ་དེ་ལམ་དུ་གནས་པ་ཞིག་གི་ངོར་མཚོན་ན་མི་ཟད་པའི་གཏེར་ཆེན་པོར་གྱུར་པ་ཡིན་ལ། དེ་ཡང་སྤྱོད་འཇུག་ལས། སེམས་དེ་ཡང་དག་བླངས་གྱུར་པ། །དེང་ནས་བཟུང་སྟེ་གཉིད་ལོག་གམ། །བག་མེད་གྱུར་ཀྱང་བསོད་ནམས་ཤུགས། །རྒྱུན་མི་ཆད་པ་དུ་མ་ཞིག །ནམ་མཁའ་མཉམ་པར་རབ་ཏུ་འབྱུང་། །ཞེས་གསུངས་སོ། །བྱང་སེམས་ཀྱི་

སྡོམ་པ་ལྟུང་བའི་རྒྱུ་སྤང་བྱ། སེམས་ཅན་བློས་བཏང་བ་དང་མི་མཐུན་པའི་སེམས་བསྐྱེད་སྤངས་པ་ལ་འདུ་སྟེ། གཞན་ཡང་དཀར་ནག་གི་ཆོས་བཞི་དང་། རྩ་ལྟུང་བཅོ་བརྒྱད་སོགས་ཡི་གེར་འཇིགས་ནས་མ་སྤྲོས། བླང་དོར་རྒྱས་པར་འདོད་ན་གོང་འཁོད་གཞུང་སོགས་ལས་ཆུབ་པར་ཞུ། ཚིག་གི་ལྷུ་ཡང་འཕྲད་ཀྱིས་མ་བརྒྱན་པས། །སྐྱེས་སྦྱངས་བློ་གྲོས་ཅན་གྱིས་གཟིགས་དགོས་མེད། །བློ་དམན་བདག་འདྲས་སྤྱོམ་པོར་མ་བཞག་པར། །ཞིབ་པར་དཔྱོད་ན་ལུང་དང་མཐུན་ཡང་སྲིད། །ཅེས་པ་འདིའང་སྟོན་བསྐལ་མང་གོང་ནས་རྟེན་འབྲེལ་སྨོན་ལམ་བཟང་པོའི་མཐུ་དཔལ་གྱིས་གནས་དུས་ཕུན་སུམ་ཚོགས་པའི་འཕགས་ཡུལ་གྱི་ཆར་སྤྲས་གནས་པདྨ་ཡང་རྩེའམ། ཡུལ་འབྲས་མོ་ལྗོངས་ཀྱི་དབུས་སུ་༧མི་རྗེ་ལྷ་ཡི་དབང་ཕྱུག་ཆེན་པོ་རྒྱལ་རབས་བདུན་པ་ཆོས་རྒྱལ་མི་འགྱུར་རྣམ་རྒྱལ་དང་། སྤྱན་རས་གཟིགས་དངོས་མི་ཡི་རྣམ་རོལ་དུ་སྣང་བ་མ་འོངས་དྲུག་པ་སེང་གེར་འཚང་རྒྱ་བའི་དམ་བཅའི་སྒྲ་གྲགས་པ་སྐུ་ཕྲེང་རིམ་བྱོན་པ་ལས་རྗེ་དགུ་པ་༧དབང་ཕྱུག་རྡོ་རྗེ་དང་མཆོད་ཡོན་ཟུང་དུ་འབྲེལ་ཏེ་གཙུག་གི་ནོར་བུར་བཀུར་ནས་སྐྱེ་འགྲོའི་མཆོད་ཡུལ་དུ་དགོན་གནས་གསུམ་ཆགས་བཏབ་པའི་ནང་ཚན་རུམ་བཏེགས་དགོན་བསམ་གཏན་གླིང་དུ་བདེ་འཛེགས་སྐབས་འབྲུག་རྒྱལ་སྲས་མོ་རྗེ་བཙུན་ཚུལ་དཔལ་མཆོག་ནས་དད་དམ་འགྱུར་མེད་ཀྱིས་བཀྲ་ཤིས་པའི་རབ་དཀར་ལྷ་གོས་བཅས་བསྐུལ་ངོར་ས་ཕག་དབྱར་ཟླའི་ཆོས་ལ་༧དཔལ་ཀརྨ་པའི་མཚན་གྱི་ཅོད་པན་འཆང་བ་སྐྱེས་རབས་བཅུ་དྲུག་པས་ཞར་མར་བྲིས་པའོ།། །

།

Glossar

Ārya, Skt. *ārya*, Tib. *'phags pa* (weibl. *'phags ma*), Edler oder Edle.

Dieser Sanskrit-Begriff bedeutet »höherstehend«. Buddha Shakyamuni bezieht sich damit auf die höhere Verwirklichung derjenigen, die vom Kreislauf der Existenzen befreit sind, im Gegensatz zu Wesen auf tieferen Ebenen, die nicht befreit sind.

Die Vier Wahrheiten, die der Buddha in seiner ersten Belehrung verkündete, werden als die Vier Wahrheiten der Āryas (oder die Vier edlen Wahrheiten) bezeichnet. Der tibetische Begriff *phags pa* bezeichnet einen Buddha, einen Bodhisattva oder einen Arhat, der sich von Samsara befreit hat. Der Begriff wird häufig als Beiname von Gottheiten verwendet, um sie anzurufen, zum Beispiel Tschenresig oder Tara.

Äußerer Behälter, Tib. *phyi snod*
Innerer Inhalt, Tib. *nang bcud*

Diese beiden Begriffe (Behälter und Inhalt) werden zusammen verwendet, um die Welt (den Behälter) und die darin enthaltenen fühlenden Wesen (den Inhalt) zu bezeichnen, anders gesagt die äußere Umgebung und die darin lebenden Wesen.

Dharmadhātu, Tib. *chos kyi dbyings*, Skt. *dharmadhātu*

Die Sphäre oder das Kontinuum der Phänomene.

Dieser Begriff bezieht sich auf die Dimension der letztendlichen Wirklichkeit, die Sphäre der Wirklichkeit der Phänomene, das Kontinuum des universellen Bewusstseinsraumes, das die Gesamtheit der Phänomene Samsaras und Nirvanas umfasst.

Siehe auch *Dharmatā* und *Dharmakāya*.

Dharmakāya, Tib. *chos kyi sku*, Skt. *dharmakāya*

Der Körper der letztendlichen Realität, Leerheits-Körper.
Der Dharmakaya ist das letztendliche Prinzip der dynamischen Leerheit, er durchdringt das Kontinuum der Phänomene und des Bewusstseins, durch welches alles existiert. Er ist das inneliegende Prinzip des Dharmadhātu.

Er ist die grundlegende Natur, die dem Bewusstsein aller fühlenden Wesen innewohnt, das Tathāgatagarbha, die Buddha-Natur, die unzerstörbare Essenz von Rigpa.

Dharmas von Gampopa, vier, Tib. *dvags po chos bzhi*

Gampopa war ein bedeutender Meister der Kagyü-Übertragungslinie Tibets. Von ihm gehen die vier Hauptlinien und acht Nebenlinien aus, die als Kagyü oder mündliche Übertragung bekannt sind.

Gampopa war Schüler von Milarepa und Lehrer des 1. Karmapa Düsum Khyenpa.

Er schrieb die bekannten Vier Dharmas, die den gesamten Verlauf des Weges zur Erleuchtung beschreiben:

1. Möge sich der Geist dem Dharma zuwenden.

Eine solche Hinwendung zum Dharma erreicht man durch das Reflektieren über die Vier grundlegenden Gedanken (eine Praxis, bekannt als die Vier gewöhnlichen Vorbereitungen der Tradition des Mahāmudrā und des Dzogchen). Dies führt dazu, dass man völlig vom Dharma überzeugt ist.

2. Möge der Dharma dem Weg folgen.

Dies erreicht man, indem man Zuflucht nimmt und den Erleuchtungsgeist sowohl in seinem relativen als auch in seinem letztendlichen Aspekt entwickelt.

3. Möge der Weg die Illusion auflösen.

Dies erreicht man, indem man die Wahrheit der Leerheit sowohl des Geistes als auch der Phänomene erkennt. Das entspricht der Verwirklichung des Erleuchtungsgeistes auf der Ebene der letztendlichen Wirklichkeit.

4. Möge die Illusion als ursprüngliche Weisheit erscheinen.

Dies erreicht man dadurch, dass man die Methoden des geheimen Mantra-Pfades des Tantrayana praktiziert.

Empfehlenswert ist Kalu Rinpoches bemerkenswerte Unterweisung zu diesem Thema, das Kapitel über die Vier Dharmas von Gampopa in *Der Dharma, der alle Wesen wie Sonne und Mond ohne Unterschied erleuchtet*.

Dharmatā, Tib. *chos nyid*, Skt. *dharmatā*

Das Prinzip des Soseins. Es bezieht sich auf die letztendliche grundlegende Natur der Phänomene.

Dieser Begriff gehört zusammen mit dem Begriff der Phänomene (Tib. *chos can*, Skt. *dharmin*). Diese manifestieren sich in einer unendlichen Vielfalt, ihrem relativen Aspekt.

Emotionen, emotionale Verblendung, Klesha, Tib. *nyon mongs pa*, Skt. *kleśa*

Dieser spezifische Begriff aus der Lehre Buddhas bezeichnet sehr genau eine ganze Reihe geistiger Zustände, die den Geist aufwühlen (Tib.

nyon, Skt. *kliś*) und verstören (Tib. *mongs*). Es handelt sich dabei um trübende oder leidbringende emotionale Zustände.

Hiermit sind ausschließlich schädliche Zustände gemeint. Diese werden als Kleshas bei den einundfünfzig von Buddha beschriebenen hauptsächlichen Geistesfaktoren (Tib. *sems byung*, Skt. *caitta*) definiert und unterteilt:

– die sechs primären oder Wurzel-Kleshas (Tib. *rtsa ba'i nyon mongs pa drug*).
– die zwanzig verwandten Kleshas (Tib. *nye ba'i nyon mongs pa nyi shu*).

Die fünf primären Kleshas oder Geistesgifte sind: Begierde-Anhaftung, Hass-Ablehnung, Unwissenheit-Verwirrung, Eifersucht und Stolz.

Diese verschiedenen Geisteszustände plagen (Tib. *nyon*, Skt. *kliś*) unseren Geist, indem sie ihn auf der Grundlage von Nicht-Wissen (Tib. *mi shes pa*) unglücklich machen (Tib. *sems mi bde ba*), aufwühlen und stören (Tib. *sems sprug pa*), quälen (Tib. *sdug bsngal sprad pa*) und verstören (Tib. *mongs*). (Khenpo Chödrak Rinpoche)

Erleuchtungsgeist, Tib. *byang chub kyi sems*, Skt. *bodhicitta*

Beim Erleuchtungsgeist oder Bodhicitta handelt es sich um wirklichen Altruismus. Er beinhaltet das Versprechen, sich der Gesamtheit der fühlenden Wesen anzunehmen, um sie aus dem Kreislauf der Existenzen zu befreien und sie zum unübertrefflichen Zustand der Erleuchtung zu führen. (Denn alle fühlenden Wesen sind mit dem Potential zur Erleuchtung, Tathāgatagarbha, ausgestattet).

Diesem Ideal widmet sich ein Bodhisattva auf vollkommene Weise. Der Erleuchtungsgeist wird zunächst während einer Zeremonie hervorgebracht (Tib. *bskyed pa*), während der das Bodhisattva-Gelübde genommen wird.

Er sollte dann mit seinen beiden Aspekten, dem relativen und dem letztendlichen Erleuchtungsgeist, kontinuierlich entwickelt werden (Tib. *sgom pa*). Er bildet so das eigentliche Herzstück der Praxis des Großen Fahrzeugs auf dem Pfad zur Erleuchtung, der Vereinigung von Methode und Weisheit, Mitgefühl und Leerheit.

Freiheiten, acht, Tib. *dal ba brgyad*

Es handelt sich um die acht Freiheiten, die zusätzlich zu den zehn Errungenschaften (Tib. *byor ba bcu*) die kostbare menschliche Existenz kennzeichnen.

Siehe die Einzelheiten im Kapitel über die kostbare menschliche Existenz in *Die Worte meines vollendeten Lehrers* von Patrul Rinpoche, in *Das*

Licht des wahren Sinnes von Jamgön Kongtrul Lodrö Thaye oder in *Der kostbarer Schmuck der Befreiung* von Gampopa.

Gifte, drei, Tib. *dug gsum*

Dabei handelt es sich um die drei hauptsächlichen leidbringenden Zustände (Kleshas), die den Geist trüben: Begierde-Anhaftung (Tib. *'dod chags*), Hass-Abneigung (Tib. *zhe sdang*) und Verdunkelung (Tib. *gti mug*). Ihr Ursprung ist Nicht-Erkennen (Tib. *ma rig pa*).

Gifte, fünf, Tib. *dug lnga*

Dabei handelt es sich um die fünf wichtigsten leidbringenden Emotionen (Kleshas), die den Geist trüben: Begierde-Anhaftung (Tib. *'dod chags*), Hass-Abneigung (Tib. *zhe sdang*), Verdunkelung (Tib. *gti mug*), Stolz (Tib. *nga rgyal*) und Eifersucht (Tib. *phra dog*).

Siehe auch unter: Emotionen.

Heilige Punkte der Praxis, drei, Tib. *dam pa gsum*

Der vollständige Rahmen jeder heilsamen Praxis besteht aus drei Teilen: der Vorbereitung, der Hauptpraxis und dem Abschluss (Tib. *sbyor dngos rjes gsum*).

Diese werden die drei heiligen Punkte der Praxis genannt. Jede Praxis (oder Handlung) von Heilsamem muss davon gekennzeichnet sein, damit sie vollständig ist (aus der Sicht des Weges zur Erleuchtung), und zwar in Bezug auf die doppelte Ansammlung von Gutem und Weisheit.

1. Der erste Teil, der allem Heilsamen vorausgehen sollte, ist Zuflucht zu nehmen und den Erleuchtungsgeist zu entwickeln (Tib. *skyabs 'gro sems bskyed*, Zuflucht-Bodhicitta).

2. Dann kommt der Hauptteil der Praxis, der durch den Kernpunkt »ohne Bezug« (Tib. *dmigs pa med pa*) zusammengefasst ist. Das bedeutet, dass jede heilsame Praxis im Rahmen der nicht-dualistischen Wahrnehmung angesiedelt sein sollte. Weisheit, die Leerheit versteht, muss notwendigerweise mit ihr verbunden sein (Vereinigung von geschickten Mitteln und Weisheit, oder Mitgefühl-Leerheit, oder Erscheinungs-Leerheit).

3. Schließlich wird alles Heilsame mit dem Siegel der Widmung (Tib. *bsngo ba*) abgeschlossen, man widmet den Verdienst des Guten der Erleuchtung aller Wesen.

Herangehensweisen an emotionale Verblendung, drei, Tib. *spang bsgyur shes gsum*

Die drei Begriffe »zurückweisen«, »umwandeln« und »erkennen« fassen jeweils die Art der Herangehensweise bei den verschiedenen buddhistischen Richtungen zusammen, was den spezifischen Umgang mit leidvollen Zuständen und ihre Gegenmittel betrifft.

– **Zurückweisen** (oder Entsagung): Bei der Herangehensweise des Sutra-Fahrzeugs (Fahrzeug der Ursache) werden die leidvollen Zustände als Gift zurückgewiesen. Ein Gegenmittel wird angewendet, um sie zu befrieden.

– **Umwandeln**: Bei der Herangehensweise des Tantra-Fahrzeugs (Fahrzeug der Resultate) geht es um die Umwandlung der leidvollen Zustände in ursprüngliche Weisheit. Eine Methode wird angewendet, um sie zu transformieren. Die Emotionen werden nicht zurückgewiesen, sondern genutzt.

– **Erkennen**: Bei der Herangehensweise des höchsten Tantra-Fahrzeugs (Atiyoga oder Mahāmudrā) werden die leidbringenden Zustände durch direktes Erkennen ihrer wahren Natur in der spontan erleuchteten Dimension von Rigpa natürlich von selbst befreit, ohne eine Anstrengung zu unternehmen, diesen entgegenzuwirken.

Jamgön Kongtrul Lodrö Thaye gibt uns in der *Zusammenfassung der entscheidenden Punkte in den Phasen der Entstehungsphase und der Vollendungsphase* das folgende Beispiel für die Auflösung der leidvollen Emotion von Begierde:

– Zurückweisen, der gewöhnliche Ansatz der Sutras:

Es wird über die Hässlichkeit des begehrten Objekts kontempliert, um Ekel zu empfinden und so die Begierde zu befrieden.

– Umwandeln, der nicht-gewöhnliche Ansatz der Tantras:

Wenn Begierde aufkommt, wird über Buddha Amitābha meditiert, oder man visualisiert sich selbst als Heruka in Vereinigung [mit seiner Gefährtin]. Begierde und Anhaftung werden somit transformiert und offenbaren sich als unterscheidendes Gewahrsein.

– Erkennen, der außergewöhnliche Ansatz von Atiyoga oder Mahāmudrā:

Wenn ein Gedanke der Begierde in der Klarheit aufsteigt, betrachtet man ihn direkt in seiner Essenz. Er löst sich so von selbst wieder auf und lässt Raum für Mahāmudrā, die Einheit von Glückseligkeit und Leerheit, unterscheidendes Gewahrsein.

Vom letztendlichen Gesichtspunkt aus gesehen gibt es nichts zurückzuweisen, anzunehmen oder umzuwandeln, alles geht auf den Geist zurück. Deshalb sollte man den Geist lassen, wie er ist, ohne etwas zu erschaffen. Buddha ist nicht irgendwo anders.

Dasselbe wird auch bei allen anderen leidvollen Zuständen angewendet (vor allem bei den fünf

Haupt-Kleshas, auch fünf Gifte genannt; siehe Glossar unter: Gifte, fünf).

Klares Licht, Tib. *od gsal ba*, Skt. *prabhāsvara*

Auf Sanskrit bedeutet *prabhāsvara* erleuchtend.

Dieser Begriff wird gemeinhin mit Klares Licht oder Lichtklarheit übersetzt.

Das Tibetische *od gsal* bezieht sich auf die natürliche Fähigkeit des ursprünglichen Gewahrseins (Tib. *rig pa*) zur Eigen-Erkenntnis (Tib. *rang rig*) und somit zur Verwirklichung seiner leeren Essenz. *Od*, was Licht bedeutet, vermittelt eine Vorstellung von Kontinuität (wie die Welle des Lichts). *Gsal ba* bedeutet erhellend oder leuchtend und wird im übertragenen Sinne auf erkennendes Gewahrsein angewendet. Das hier erwähnte Licht ist eine Metapher. Es handelt sich um eine erkennende Klarheit. (Khenpo Chödrak)

Der alleinige Begriff *gsal ba* wird meist mit Klarheit übersetzt, was korrekt ist. Er bezieht sich jedoch immer auf jene erhellende Klarheit, die das Bewusstsein in seiner wesentlichen ursprünglichen Qualität oder Fähigkeit kennzeichnet, der Vereinigung von Klarheit und Leerheit.

Klesha, Tib. *nyon mongs pa*, Skt. *kleśa*

Siehe: Emotionen.

Mitgefühl, Tib. *thugs rje*, Skt. *karuṇā*
Der tibetische Begriff *thugs rje* ist die Ehrenform von *snying rje*.
Die wörtliche Übersetzung von *thugs rje* ist Herr *rje* des Herzens *thugs*, oder im übertragenen Sinne Allmacht des Herzens.

Dieser tibetische Begriff überträgt das Sanskrit-Wort *karuṇā*, und seine hauptsächliche Bedeutung ist Mitgefühl.

In den Lehren Buddhas wird der Begriff »Mitgefühl« wie folgt definiert: Mitgefühl ist das Gefühl, das man angesichts des Leids anderer Wesen empfindet, man ist betroffen oder traurig. Es ist eine natürliche Neigung. Mitgefühl ist auch der spontane, daraus folgende Impuls, das Leid der anderen lindern oder sie sogar davon befreien zu wollen.
Mitgefühl bedeutet nicht, wie die Etymologie des Wortes (im christlich geprägten Latein *compassio*, Mitleid) besagen würde, mit jemandem mitzuleiden, sondern vom Leid des anderen berührt zu sein. In den Lehren Buddhas wird Mitgefühl üblicherweise mit Liebe (Tib. *byams pa*, Skt. *maitrī*) in Verbindung gebracht, der natürlichen Neigung, das Glück anderer anzustreben. Liebe und Mitgefühl gehören demnach zusammen.

Diese beiden Qualitäten sind so eng miteinander verbunden, dass sie mit einem einzigen tibetischen Begriff ausgedrückt werden: *byams snying rje* (Liebe-Mitgefühl).

Mitgefühl, untrennbar mit Weisheit verbunden, muss daher im Mittelpunkt der spirituellen Praxis der fünf Pfade zur Erleuchtung stehen, vom Anfang bis zur endgültigen Verwirklichung des Zustands der vollkommenen Erleuchtung.

Ein angehender Bodhisattva schult sich zunächst in Mitgefühl auf der Grundlage gewöhnlichen menschlichen Mitgefühls. Dann wird er mit diesem Mitgefühl vertraut, das so zu einem höheren Mitgefühl wird. Er entwickelt als Bodhisattva während des Fortschreitens auf den zehn Bhūmis das große unbegrenzte Mitgefühl. Auf dem zehnten Bhūmi wird er ein großer Bodhisattva-Mahāsattva und verwirklicht schließlich die vollkommene Erleuchtung eines Buddha, indem er den letzten feinsten Wissens-Schleier reinigt, der noch seinen Geist beeinflusst. Das Mitgefühl eines Buddha ist unendlich, es ist ein absichtsloses Mitgefühl, aus dem heraus sich seine erleuchtete Aktivität grenzenlos entfaltet und das Wohl aller fühlenden Wesen im unendlichen Raum vollbringt.

Tschenresig ist ein solcher großer Bodhisattva-Mahāsattva. Der gebräuchlichste Beiname, um ihn anzurufen, ist *thugs rje chen po* (ausgesprochen: *thugdje tschenpo*), derjenige mit dem großen Mitgefühl.

Reichtümer, zehn, Tib. *'byor ba bcu*. Es gibt fünf Reichtümer, die von uns abhängen (Tib. *rang byor lnga*), und fünf Reichtümer, die von anderen abhängen (Tib. *gzhan byor lnga*). Zusammen mit den acht Freiheiten (Tib. *dal ba brgyad*) machen sie die sogenannte kostbare menschliche Existenz aus.

Mehr in den Kapiteln über die kostbare menschliche Existenz in *Die Worte meines vollendeten Lehrers* von Patrul Rinpoche, in *Das Licht des wahren Sinnes* von Jamgön Kongtrul Lodrö Thaye oder in *Der kostbarer Schmuck der Befreiung* von Gampopa.

Qualitäten der höheren Welten, acht, Tib. *mtho ris kyi yon tan brgyad*

Diese acht Qualitäten sind die acht heilsamen Handlungen, die im gegenwärtigen Leben ausgeübt werden sollten. Ihr jeweiliges karmisches Resultat wird im nächsten Leben erfahren.

1. Wer jegliche Gewalt gegen andere ablehnt, wird ein langes Leben haben.

2. Wer großzügig ist, Lichter, usw. darbringt, und das Geben von Notwendigem und anderen Dingen

praktiziert, wird körperliche Schönheit erlangen.

3. Wer ohne Stolz ist und den Lama und die Dharma-Freunde achtet, wird in einer edlen Familie wiedergeboren werden.

4. Wer den Gelehrten, Kranken, Armen und anderen leidenden Bedürftigen das gibt, was sie brauchen, wird unermesslich reich sein.

5. Wer seine Sprache nur auf heilsame Weise benutzt, dessen Rede wird edel und geachtet sein.

6. Wer ehrerbietig die Drei Juwelen, die Eltern, usw. verehrt und hervorragende Wunschgebete rezitiert, wird allmächtig sein.

7. Wer Hochachtung vor Männern hat und Wesen rettet, die zur Kastration bestimmt sind, wird mit einem männlichen [menschlichen] Körper wiedergeboren werden.

8. Wer hilft und spirituelle Unterfangen unterstützt, ohne dafür eine Gegenleistung zu erwarten, wird höchste Kraft erlangen.

Rigpa, Tib. *rig pa*, Skt. *vidyā*

Rigpa ist das selbstentstandene (Tib. *rang byung*) unterscheidende Gewahrsein (Tib. *ye shes*) in seiner erleuchteten Dimension. Es wohnt dem Geist eines jeden fühlenden Wesens inne.

Rigpa ist das Erkennende, das, was erfährt, was sieht, das Gewahrsein, das die einzigartige und wunderbare Fähigkeit hat, zu erkennen und vor allem sich selbst zu erkennen (Tib. *rang rig*, eigenerkennendes Gewahrsein).

Rigpa ist also das Erkennende, die Erkenntnis und die Fähigkeit des Erkennens, das nicht-dualistische Gewahrsein der selbst-entstandenen ursprünglichen Weisheit. Es ist das vollständig erwachte Bewusstsein, der Geist eines Buddha.

In nicht erleuchteten Wesen wird Rigpa (unglücklicherweise) vom Nicht-Erkennen (Tib. *ma rig pa*, Skt. *avidyā*) getrübt, was zur fatalen Verkettung von Ichanhaftung, Dualismus, Kleshas, Karma und allem samsarischen Leid führt.

Samādhi, Tib. *ting nge 'dzin*, Skt. *samādhi*

Ein tiefer Zustand meditativer Versenkung, in dem der Geist unbewegt und unabgelenkt in seiner reinen Essenz verweilt.

Selbsterkennendes unterscheidendes Gewahrsein (Tib. *so so rang rig ye shes*)

Dieser Ausdruck bezeichnet die wahre Natur des Geistes in seiner ursprünglichen Reinheit, jenseits der Trübung durch ein Anhaften an ein Ich:

– *So so*: Gewahrsein ist singulär oder individuell, dort geschieht die eigene Erfahrung. Individuell bedeutet hier auch, dass das grundlegende Gewahrsein auf den kleinsten räumlichen und zeitlichen Ebenen jedes individuelle subtile Ereignis oder Phänomen erkennt. (Khenpo Chödrak)

– *Rang*: Gewahrsein hat die einzigartige Fähigkeit, seiner selbst gewahr zu sein, zu reflektieren, die einzigartige Fähigkeit, sich selbst zu erkennen, eigen-bewusst zu sein. Das ist so aufgrund von *'od gsal ba*, der Qualität der erkennenden Klarheit. Es ist vergleichbar mit einem Auge, das sich selbst sehen kann.

– *Rig* [*pa*]: Gewahrsein ist reines Gewahrsein, eine innewohnende erwachte Präsenz. Es ist auch die innewohnende ursprüngliche Qualität der Buddha-Natur, das Potential der Erleuchtung, das *Tathāgatagarbha*.

– *Ye shes*: Gewahrsein ist unterscheidende Weisheit durch die ursprüngliche Natur (Tib. *ye gnas kyi shes pa*), die offenbar wird, sobald die einhergehende Verdunkelung durch die zwei vorübergehenden Schleier (Tib. *glo bur gyi sgrib gnyis*), die aus der Ichanhaftung (Tib. *bdag 'dzin*) resultieren, aufgelöst ist.

Wir finden diesen Begriff im bekannten Anrufungsgebet der *Prajñaparamita*:

Vollendete Weisheit (*Prajñaparamita*), durch Worte, Gedanken und Beschreibungen nicht zu erfassen, wahre Natur des ungeborenen, unendlichen Raumes, Erfahrungsbereich des selbsterkennenden unterscheidenden Gewahrseins, Mutter der Siegreichen der drei Zeiten, wir verbeugen uns vor dir!

Siegreich, Sieger, Tib. *rgyal ba*, Skt. *jina*

Häufigster Beiname für einen Buddha.

Ein Erleuchteter ist insofern ein Siegreicher, als er die vier Dämonen (Skt. *māra*) besiegt hat: den Dämon der Skandhas, den Dämon der Emotionen, den Dämon des Todes und den Dämon des Göttersohnes (Begierde-Anhaftung an Sinnesobjekte). Es ist ein Sieg, durch den er die unübertreffliche Erleuchtung erlangt.

Taten des Buddha, zwölf, Tib. *sangs rgyas kyi mdzad pa bcu gnyis*

Das Leben Buddha Shakyamunis ist von zwölf Ereignissen geprägt, die gemäß der Tradition das Leben aller manifestierten Buddhas kennzeichnen. Durch diese Ereignisse entfachen erleuchtete Wesen das Licht des Dharma erneut in der Welt, reaktivieren es und dienen denen als Beispiel, die ihnen folgen.

Obwohl die Liste dieser Taten in den verschiedenen Traditionen unterschiedlich ist, stimmen alle Texte in Bezug auf die wichtigsten Ereignisse in Buddhas Leben überein. Die hier vorgestellte Liste der zwölf Taten Buddhas ist die von Butön Rinchen:

1. Der in Tushita weilende Bodhisattva fasst einen großen Entschluss.

2. Der Bodhisattva verlässt Tushita.

3. Der Bodhisattva tritt in den Schoß seiner Mutter ein.

4. Der Bodhisattva wird zum letzten Mal geboren.

5. Der Bodhisattva zeichnet sich durch die Beherrschung der weltlichen Künste aus.

6. Der Bodhisattva genießt das Leben eines Prinzen in seinem Palast.

7. Der Bodhisattva verlässt sein Heim.

8. Der Bodhisattva praktiziert Askese.

9. Der Bodhisattva besiegt Mara, den Herrn der Verblendung.

10. Der Bodhisattva verwirklicht die höchste Erleuchtung eines Buddha.

11. Der Buddha dreht das Rad des Dharma.

12. Der Buddha manifestiert das Parinirvana.

Dies ist auch die Version in Maitreyas Text *Unübertreffliches Kontinuum*.

Eine detaillierte Beschreibung findet sich im *Lalitavistara*-Sutra.

(Da es mehrere Versionen der zwölf Taten eines Siegreichen gibt, erklärt dies den leichten Unterschied zwischen denen in diesem Text vom 16. Karmapa und denen der Version im *Lalitavistara*-Sutra).

Unwissenheit, Nicht-Erkennen, Tib. *ma rig pa*, Skt. *avidyā*.

Die grundlegende Unwissenheit ist der Mangel an Erkenntnis der Wirklichkeit des Geistes (und damit der Phänomene). Die grundlegende Unwissenheit ist der Ursprung von ichbezogenem Festhalten, Dualismus, Kleshas, Karma und allem Leid in Samsara.

Es handelt sich um Nicht-Rigpa. Rigpa ist das selbstentstandene (Tib. *rang byung*) Gewahrsein (Tib. *ye shes*) in seiner erleuchteten Dimension. Es wohnt jedem fühlenden Wesen inne, wird aber durch die vorübergehenden Schleier seiner eigenen Nicht-Erkenntnis oder Unwissenheit, Tib. *ma rig pa*, verdunkelt.

Verdunkelung, Unwissenheit, Trübung, Tib. *gti mug*, Skt. *moha*

Verdunkelung ist das hauptsächliche der drei Gifte (Unwissenheit, Anhaftung und Abneigung) und wird auch als die Wurzel aller Kleshas bezeichnet. Sie ist die direkte Entsprechung von *ma rig pa*, dem Nicht-Erkennen (der Realität des Geistes), und ist Ursprung von Kleshas, Karma und Leid. Sie ist die grundlegende Verwirrung, die uns die Realität der Dinge nicht erkennen lässt und uns jeglicher Unterscheidungsfähigkeit beraubt.

Dieser Begriff wird auch mit geistiger Trübung übersetzt, die aus der anfänglichen Verwirrung des Nicht-Rigpa folgt.

Vollkommen entfalteter Buddha, Tib. *yang dag par rdzogs pa'i sangs rgyas*, Skt. *samyaksambuddha*

Dies bezeichnet den wahren (*samyak*) Zustand der Erleuchtung (*buddha*), der vollkommen und vollendet (*sam*) ist. Dieser ist anders als die unvollständige Erleuchtung eines Arhats, der zwar vom Kreislauf der Existenzen befreit ist, aber im Zustand des Friedens von Nirvana verblieben ist.

Wahrheiten, zwei, Tib. *bden pa gnyis*
Siehe: Wirklichkeit, relative und letztendliche.

Die relative und die letztendliche Wahrheit (oder Wirklichkeit) schließen sich nicht gegenseitig aus, sondern sollten untrennbar miteinander verbunden sein, um ein angemessenes Verständnis der Wirklichkeit der Dinge zu ermöglichen. Deshalb kann unsere spirituelle Praxis nur dann authentisch sein, wenn sie Mittel und Weisheit miteinander verbindet, in ihrer Essenz Mitgefühl und Leerheit, und sich somit auf die richtige Sichtweise stützt.

Es gibt auch zwei übergeordnete Wahrheiten (Tib. *lhag pa'i bden pa gnyis*), die untrennbar miteinander verbunden sind, nämlich die große Reinheit der Phänomene auf der relativen Ebene und ihre große Gleichheit auf der absoluten Ebene.

Weiße und schwarze Dharmas, vier, Tib. *dkar nag chos bzhi*

Die vier schwarzen Dharmas sind vier schwere Verstöße gegen die Bodhisattva-Gelübde. Die vier weißen Dharmas sind ihre jeweiligen Gegenmittel.

Diese werden in den detaillierten Belehrungen über die Bodhisattva-Gelübde erklärt.

Die Definition im Sutra *Anhäufung kostbarer Juwelen* lautet wie folgt:

– Vier weiße Dharmas, Tib. *dkar po chos bzhi*, Skt. *catuḥśukladharma*

1. Nicht lügen (Tib. *rdzun tshig mi smra ba*).

2. Eine höhere Haltung gegenüber allen Wesen einnehmen, ohne Täuschung oder Betrug (Tib. *sgyu dang g.yo med par sems can thams cad kyi drung na lhag bsam gyis gnas pa*).

3. Jeden Bodhisattva als Buddha selbst betrachten (Tib. *byang chub sems dpa' la ston pa'i 'du shes bskyed*).

4. Die Lebewesen inspirieren, die auf ihrer Suche nach authentischer und unübertrefflicher Erleuchtung zur spirituellen Vollkommenheit ge-

führt werden müssen (Tib. *sems can gang rnams yongs su smin byed yang dag par bla med yang dag rdzogs pa'i byang chub 'dzin du 'jug pa*).

– Vier schwarze Dharmas, Tib. *nag po chos bzhi*, Skt. *catuḥkṛṣṇadharma*

1. Den spirituellen Meister und diejenigen, die des Vertrauens würdig sind, zu täuschen (Tib. *bla ma dang mchod kyi 'os pa bslus pa*).

2. Andere dazu bringen, eine Handlung zu bedauern, die nicht zu bedauern ist (Tib. *gzhan 'gyod pa'i gnas ma yin pa la 'gyod pa bskyed pa*).

3. Einen Bodhisattva, der den Erleuchtungsgeist hervorgebracht hat, beleidigen (*sems bskyed pa'i byang chub sems dpa' la bsngags pa ma yin pa'i mi snyan pa*).

4. Sich anderen gegenüber ohne höhere Motivation und in einer beleidigenden, betrügerischen und enttäuschenden Weise verhalten (Tib. *brjod pa ma yin pa'i sgras tshigs su bcad pa brjod pa dang sgyu dang gYos gzhan la nye bar spyod kyis lhag pa'i bsam pas ma yin pa*).

Wenn man die Zeit einer Meditationssitzung (vier Stunden) verstreichen lässt, ohne einer dieser vier schwarzen Handlungen entgegengewirkt zu haben, schädigt man seine Bodhisattva-Gelübde. Man sollte daher ohne Verzögerung eine der vier weißen Handlungen praktizieren, die das entsprechende Gegenmittel darstellt.

Wirklichkeit, relative, Tib. *kun rdzob bden pa*

Wirklichkeit, letztendliche, Tib. *don dam bden pa*

Es gibt zwei Ebenen der Wahrheit oder Wirklichkeit:

– Die relative Wahrheit betrifft jene Wesen in Samsara, die sich in einer irrtümlichen Funktionsweise der dualistischen Wahrnehmung von Phänomenen befinden und daher eine relative Erfahrung der Wirklichkeit haben. Diese entspricht nicht der letztendlichen Wirklichkeit der Phänomene und des Geistes.

– Die letztendliche Wahrheit wird von den Erleuchteten jenseits von Samsara erfahren, die frei von der Illusion dualistischen Erfassens sind und daher die letztendliche (nicht getrübte) Erfahrung der wahren Wirklichkeit haben.

Diese beiden Ebenen der Wahrheit schließen sich nicht gegenseitig aus, sondern sind als die beiden Wahrheiten zu betrachten, die die Wirklichkeit aller Phänomene ausmachen.

Weitere Bücher des Norbu Verlags

Gampopa

Der kostbare Schmuck der Befreiung

Gebundene Ausgabe,
2 Lesebändchen
304 Seiten | € 26,90
ISBN 978-3-940269-00-3

Shamar Rinpoche

Buddha-Natur

Unser Potential für Weisheit,
Mitgefühl und Freude

mit dem zugrundeliegenden Werk des 3. Karmapa
»Das Aufzeigen der Buddha-Natur«

Paperback
92 Seiten | € 18,–
ISBN 978-3-944885-35-3